异部宗轮论

中国佛学经典宝藏

104

姚治华 释译

星云大师总监修

人民东方出版传媒

东方出版社

总序

星云

自读首楞严，从此不尝人间糟糠味；
认识华严经，方知已是佛法富贵人。

诚然，佛教三藏十二部经有如暗夜之灯炬、苦海之宝筏，为人生带来光明与幸福，古德这首诗偈可说一语道尽行者阅藏慕道、顶戴感恩的心情！可惜佛教经典因为卷帙浩瀚、古文艰涩，常使忙碌的现代人有义理远隔、望而生畏之憾，因此多少年来，我一直想编纂一套白话佛典，以使法雨均沾，普利十方。

一九九一年，这个心愿总算有了眉目。是年，佛光山在中国大陆广州市召开"白话佛经编纂会议"，将该套丛书定名为《中国佛教经典宝藏》①。后来几经集思广

---

① 编者注：《中国佛教经典宝藏》丛书，大陆出版时改为《中国佛学经典宝藏》丛书。

益，大家决定其所呈现的风格应该具备下列四项要点：

一、启发思想：全套《中国佛教经典宝藏》共计百余册，依大乘、小乘、禅、净、密等性质编号排序，所选经典均具三点特色：

1. 历史意义的深远性

2. 中国文化的影响性

3. 人间佛教的理念性

二、通顺易懂：每册书均设有原典、注释、译文等单元，其中文句铺排力求流畅通顺，遣词用字力求深入浅出，期使读者能一目了然，契入妙谛。

三、文简意赅：以专章解析每部经的全貌，并且搜罗重要的章句，介绍该经的精神所在，俾使读者对每部经义都能透彻了解，并且免于以偏概全之谬误。

四、雅俗共赏：《中国佛教经典宝藏》虽是白话佛典，但亦兼具通俗文艺与学术价值，以达到雅俗共赏、三根普被的效果，所以每册书均以题解、源流、解说等章节，阐述经文的时代背景、影响价值及在佛教历史和思想演变上的地位角色。

兹值佛光山开山三十周年，诸方贤圣齐来庆祝，历经五载、集二百余人心血结晶的百余册《中国佛教经典宝藏》也于此时隆重推出，可谓意义非凡，论其成就，则有四点可与大家共同分享：

一、**佛教史上的开创之举**：民国以来的白话佛经翻译虽然很多，但都是法师或居士个人的开示讲稿或零星的研究心得，由于缺乏整体性的计划，读者也不易窥探佛法之堂奥。有鉴于此，《中国佛教经典宝藏》丛书突破窠臼，将古来经律论中之重要著作，做有系统的整理，为佛典翻译史写下新页！

二、**杰出学者的集体创作**：《中国佛教经典宝藏》丛书结合中国大陆北京、南京各地名校的百位教授、学者通力撰稿，其中博士学位者占百分之八十，其他均拥有硕士学位，在当今出版界各种读物中难得一见。

三、**两岸佛学的交流互动**：《中国佛教经典宝藏》撰述大部分由大陆饱学能文之教授负责，并搜录台湾教界大德和居士们的论著，借此衔接两岸佛学，使有互动的因缘。编审部分则由台湾和大陆学有专精之学者从事，不仅对中国大陆研究佛学风气具有带动启发之作用，对于台海两岸佛学交流更是帮助良多。

四、**白话佛典的精华集萃**：《中国佛教经典宝藏》将佛典里具有思想性、启发性、教育性、人间性的章节做重点式的集萃整理，有别于坊间一般"照本翻译"的白话佛典，使读者能充分享受"深入经藏，智慧如海"的法喜。

今《中国佛教经典宝藏》付梓在即，吾欣然为之作序，并借此感谢慈惠、依空等人百忙之中，指导编修；吉广舆等人奔走两岸，穿针引线；以及王志远、赖永海等大陆教授的辛勤撰述；刘国香、陈慧剑等台湾学者的周详审核；满济、永应等"宝藏小组"人员的汇编印行。他们的同心协力，使得这项伟大的事业得以不负众望，功竟圆成！

《中国佛教经典宝藏》虽说是大家精心擘划、全力以赴的巨作，但经义深邃，实难尽备；法海浩瀚，亦恐有遗珠之憾；加以时代之动乱，文化之激荡，学者教授于契合佛心，或有差距之处。凡此失漏必然甚多，星云谨以愚诚，祈求诸方大德不吝指正，是所至祷。

一九九六年五月十六日于佛光山

原版序
敲门处处有人应

慈惠

　　《中国佛教经典宝藏》是佛光山继《佛光大藏经》之后，推展人间佛教的百册丛书，以将传统《大藏经》精华化、白话化、现代化为宗旨，力求佛经宝藏再现今世，以通俗亲切的面貌，温渥现代人的心灵。

　　佛光山开山三十年以来，家师星云上人致力推展人间佛教，不遗余力，各种文化、教育事业蓬勃创办，全世界弘法度化之道场应机兴建，蔚为中国现代佛教之新气象。这一套白话精华大藏经，亦是大师弘教传法的深心悲愿之一。从开始构想、擘划到广州会议落实，无不出自大师高瞻远瞩之眼光，从逐年组稿到编辑出版，幸赖大师无限关注支持，乃有这一套现代白话之大藏经问世。

　　这是一套多层次、多角度、全方位反映传统佛教文化的丛书，取其精华，舍其艰涩，希望既能将《大藏经》

深睿的奥义妙法再现今世，也能为现代人提供学佛求法的方便舟筏。我们祈望《中国佛教经典宝藏》具有四种功用：

一、是传统佛典的精华书

中国佛教典籍汗牛充栋，一套《大藏经》就有九千余卷，穷年皓首都研读不完，无从赈济现代人的枯槁心灵。《宝藏》希望是一滴浓缩的法水，既不失《大藏经》的法味，又能有稍浸即润的方便，所以选择了取精用弘的摘引方式，以舍弃庞杂的枝节。由于执笔学者各有不同的取舍角度，其间难免有所缺失，谨请十方仁者鉴谅。

二、是深入浅出的工具书

现代人离古愈远，愈缺乏解读古籍的能力，往往视《大藏经》为艰涩难懂之天书，明知其中有汪洋浩瀚之生命智慧，亦只能望洋兴叹，欲渡无舟。《宝藏》希望是一艘现代化的舟筏，以通俗浅显的白话文字，提供读者遨游佛法义海的工具。应邀执笔的学者虽然多具佛学素养，但大陆对白话写作之领会角度不同，表达方式与台湾有相当差距，造成编写过程中对深厚佛学素养与流畅白话语言不易兼顾的困扰，两全为难。

三、是学佛入门的指引书

佛教经典有八万四千法门，门门可以深入，门门是无限宽广的证悟途径，可惜缺乏大众化的入门导览，不易寻觅捷径。《宝藏》希望是一支指引方向的路标，协助十方大众深入经藏，从先贤的智慧中汲取养分，成就无上的人生福泽。

四、是解深入密的参考书

佛陀遗教不仅是亚洲人民的精神归依，也是世界众生的心灵宝藏。可惜经文古奥，缺乏现代化传播，一旦庞大经藏沦为学术研究之训诂工具，佛教如何能扎根于民间？如何普济僧俗两众？我们希望《宝藏》是百粒芥子，稍稍显现一些须弥山的法相，使读者由浅入深，略窥三昧法要。各书对经藏之解读诠释角度或有不足，我们开拓白话经藏的心意却是虔诚的，若能引领读者进一步深研三藏教理，则是我们的衷心微愿。

大陆版序一

　　《中国佛教经典宝藏》是一套对主要佛教经典进行精选、注译、经义阐释、源流梳理、学术价值分析，并把它们翻译成现代白话文的大型佛学丛书，成书于二十世纪九十年代，由台湾佛光文化事业有限公司出版，星云大师担任总监修，由大陆的杜继文、方立天以及台湾的星云大师、圣严法师等两岸百余位知名学者、法师共同编撰完成。十几年来，这套丛书在两岸的学术界和佛教界产生了巨大的影响，对研究、弘扬作为中国传统文化重要组成部分的佛教文化，推动两岸的文化学术交流发挥了十分重要的作用。

　　《中国佛学经典宝藏》则是《中国佛教经典宝藏》的简体字修订版。之所以要出版这套丛书，主要基于以下的考虑：

　　首先，佛教有三藏十二部经、八万四千法门，典籍浩瀚，博大精深，即便是专业研究者，穷其一生之精力，恐也难阅尽所有经典，因此之故，有"精选"之举。

其次，佛教源于印度，汉传佛教的经论多译自梵语；加之，代有译人，版本众多，或随音，或意译，同一经文，往往表述各异。究竟哪一种版本更契合读者根机？哪一个注疏对读者理解经论大意更有助益？编撰者除了标明所依据版本外，对各部经论之版本和注疏源流也进行了系统的梳理。

再次，佛典名相繁复，义理艰深，即便识得其文其字，文字背后的义理，诚非一望便知。为此，注译者特地对诸多冷僻文字和艰涩名相，进行了力所能及的注解和阐析，并把所选经文全部翻译成现代汉语。希望这些注译，能成为修习者得月之手指、渡河之舟楫。

最后，研习经论，旨在借教悟宗、识义得意。为了将其思想义理和现当代价值揭示出来，编撰者对各部经论的篇章品目、思想脉络、义理蕴涵、学术价值等所做的发掘和剖析，真可谓殚精竭虑、苦心孤诣！当然，佛理幽深，欲入其堂奥、得其真义，诚非易事！我们不敢奢求对于各部经论的解读都能鞭辟入里，字字珠玑，但希望能对读者的理解经义有所启迪！

习近平主席最近指出："佛教产生于古代印度，但传入中国后，经过长期演化，佛教同中国儒家文化和道家文化融合发展，最终形成了具有中国特色的佛教文化，给中国人的宗教信仰、哲学观念、文学艺术、礼仪习俗等留下了深刻影响。"如何去研究、传承和弘扬优秀佛教文化，是摆在我们面前的一个重要课题，人民东方出版传媒有限公司拟对繁体字版的《中国佛教经典宝藏》进行修订，并出版简体字版的《中国佛学经典宝藏》，随喜赞叹，寥寄数语，以叙因缘，是为序。

二〇一六年春于南京大学

大陆版序二

依空

　　身材高大、肤色白皙、擅长军事的亚利安人，在公元前四千五百多年从中亚攻入西北印度，把当地土著征服之后，为了彻底统治这里的人民，建立了牢不可破的种姓制度，创造了无数的神祇，主要有创造神梵天、破坏神湿婆、保护神毗婆奴。人们的祸福由梵天决定，为了取悦梵天大神，需要透过婆罗门来沟通，因为他们是从梵天的口舌之中生出，懂得梵天的语言——繁复深奥的梵文，婆罗门阶级是宗教祭祀师，负责教育，更掌控了神与人之间往来的话语权。四种姓中最重要的是刹帝利，举凡国家的政治、经济、军事、文化等等都由他们实际操作，属贵族阶级，由梵天的胸部生出。吠舍则是士农工商的平民百姓，由梵天的膝盖以上生出。首陀罗则是被踩在梵天脚下的土著。前三者可以轮回，纵然几世轮转都无法脱离原来种姓，称为再生族；首陀罗则连轮回的因缘都没有，为不生族，生生世世为首陀罗，子孙也倒霉跟着宿命，无法改变身份。相对于此，贱民比首陀罗更为卑微、低贱，连四种姓都无法跻身其中，只能从事挑粪、焚化尸体等最卑贱、龌龊的工作。

出身于高贵种姓释迦族的悉达多太子，为了打破种姓制度的桎梏，舍弃既有的优越族姓，主张一切众生皆平等，成正等觉，创立了佛教僧团。为了贯彻佛教的平等思想，佛陀不仅先度首陀罗身份的优婆离出家，后度释迦族的七王子，先入山门为师兄，树立僧团伦理制度。佛陀更严禁弟子们用贵族的语言——梵文宣讲佛法，而以人民容易理解的地方口语来演说法义，这就是巴利文经典的滥觞。佛陀认为真理不应该是属于少数贵族、知识分子的专利或装饰，而应该更贴近普罗大众，属于平民百姓共有共知。原来佛陀早就在推动佛法的普遍化、大众化、白话化的伟大工作。

佛教从西汉哀帝末年传入中国，历经东汉、魏晋南北朝、隋唐的漫长艰巨的译经过程，加上历代各宗派祖师的著作，积累了庞博浩瀚的汉传佛教典籍。这些经论义理深奥隐晦，加以书写的语言文字为千年以前的古汉文，增加现代人阅读的困难，只能望着汗牛充栋的三藏十二部扼腕慨叹，裹足不前。

如何让大众轻松深入佛法大海，直探佛陀本怀？佛光山开山宗长星云大师乃发起编纂《中国佛教经典宝藏》。一九九一年，先在大陆广州召开"白话佛经编纂会议"，订定一百本的经论种类、编写体例、字数等事项，礼聘中国社科院的王志远教授、南京大学的赖永海教授分别为中国大陆北方与南方的总联络人，邀请大陆各大学的佛教学者撰文，后来增加台湾部分的三十二本，是为一百三十二册的《中国佛教经典宝藏精选白话版》，于一九九七年，作为佛光山开山三十周年的献礼，隆重出版。

六七年间我个人参与最初的筹划，多次奔波往来于大陆与台湾，小心谨慎带回作者原稿，印刷出版、营销推广。看到它成为佛教徒家中的传家宝藏，有心了解佛学的莘莘学子的入门指南书，为星云大师监修此部宝藏的愿心深感赞叹，既上契佛陀"佛法不舍一众"的慈悲本怀，更下启人间佛教"普世益人"的平等精神。尤其可喜者，欣闻现大陆出版方东方出版社潘少平总裁、彭明哲副总编亲自担纲筹划，组织资深编辑精校精勘；更有旅美企业家鲁彼德先生事业有成之际，秉"十方来，十方去，共成十方事"之襟怀，促成简体字版《中国佛学经典宝藏》的刊行。今付梓在即，是为序，以表随喜祝贺之忱！

二〇一六年元月

目　录

题解

作者生平

　　《异部宗轮论》一卷，印度世友著。主要陈述部派佛教时期二十部派纷争杂现的宗义。

　　著者世友菩萨，是北印度犍陀罗国人，生于佛灭后四百年代。这时历时三百余年的佛教大分化业已完成。淳和无争的原始佛教在释迦牟尼佛入灭后一百余年开始了前所未有的争执和分裂，逐渐形成二十个部派。这些部派依其所从出的宗派来划分，则有两大系，即大众部系和上座部系。大众部系包括九部：一、大众部，二、一说部，三、说出世部，四、鸡胤部，五、多闻部，六、说假部，七、制多山部，八、西山住部，九、北山住部。上座部系包括十一部：一、说一切有部，二、雪山部，三、犊子部，四、法上部，五、贤胄部，六、正量部，七、密林山部，八、化地部，九、法藏部，十、饮光部，十一、经量部。

世友菩萨生长在这纷争的年代中，自然免不了要投身于其中的某一宗派。他是在上座部系的说一切有部出家修道的。在这里，他广学博闻，成为有部的重要人物。据载他是《婆沙》的四大评论家之一。《婆沙》，即《阿毗达磨大毗婆沙论》，是有部重要论典。佛灭后四百年初，有部五百罗汉应犍陀罗国迦腻色迦王之请，在迦湿弥罗共释《阿毗达磨发智论》（又称《身论》）而成二百卷，此即《大毗婆沙论》。毗婆沙，义为广说。《发智论》则是佛灭后三百年末，由迦多衍尼子造，共二十卷。此论与其他六论共同构成有部的根本论著。作为这一重要论著的权威评释者之一，足显世友在当时有部中的重要地位。

另据载他还是迦腻色迦王朝时，结集有部三藏的五百贤圣中的上座，并且是"凡有疑义，唯他是决"[①]的重要地位。这些事迹见于《俱舍光记》卷二十、《大唐西域记》卷三和《异部宗轮论述记》等著作。

可是由于时日久远，关于世友的生平还有许多争论的疑点。他既然出家于说一切有部，且为《婆沙》的四大评论家之一，他的思想当然是属说一切有部的。可是本论中有些思想却是偏于经量部的，据此有人主张造此论的世友不是评《大毗婆沙论》的世友。在印度，世友有好几个，玄奘法师门下就是这样认为的。可是有些人主张两个世友是同一个，因为评《婆沙》的世友的某些思想也可以与经量部接近，而与有部相左，他的思想不一定局限于有部。孰是孰非，尤难论定。

版本考辨

　　《异部宗轮论》的传承，主要是在说一切有部本部内进行的，因为它代表了有部对于部派分裂的看法。与此并行的还有正量系的传说和大众系的传说，它们都各站在自己的立场上，对他派的分化说得较为翔实可靠；对自宗的分化则说得有欠真实。此论在印度流传的其他情形就不甚明了，这是由于印度民族确实重玄思而轻实事，加之战事纷乱，所以没有中国那样有一贯的重史传的传统。

　　本论译者玄奘，在译毕所作的颂中言"备详众梵本"，由此略见此论梵文版本也是较多的，而且各版本间优劣及恰当与否都不尽相同。只可惜这些梵文本恐怕无一能有缘面世了。因此，研读本论要选取较可靠的文本时，只能来自汉译了。

从魏晋时大兴到唐代达到顶峰的佛经翻译，是翻译史上的壮举。在长达五六个世纪的时间内，许多高僧大德毕全身心精力投入到这一事业中，成绩斐然。后代编纂的汉文三藏蔚为大观，使中国成为佛教的第二故乡。在这一段译经史上，最杰出的三个人就是姚秦的鸠摩罗什、陈时的真谛和唐代的玄奘。他们译经都以理解恰当、文意精到和数量丰富著称。在诸多译经中引人注目的是，这三位译者竟不吝时日，相继重译这部论著，足显此论不同一般的重要地位。三种译本分别题名为：《十八部论》《部执异论》和《异部宗轮论》。

《十八部论》的译者，许多人还不敢明确断定，因此《开元释教录》卷第四（大正五十五·页五一九上）标为"失译"。在《频伽藏》的正文中署为真谛译，而该藏的总目录中，又署鸠摩罗什译。如此纷乱的记载，是由于此译本年代最为久远的缘故。撇开这些相互矛盾的记载，详考论中的文意，却可断定《十八部论》是什公所译。至于论前附有梁僧伽婆罗译的《文殊师利问经·分部品》（大正十四·页五〇一上、中），那是后人所加，不能因为姚秦时没有此经，就怀疑该论非鸠摩罗什所译。

《部执异论》为真谛（公元四九九—五六九年）所译，倒没有异议。可是对此译本的非议却不一而足。窥基在《异部宗轮论述记》(卍续五十三·五六八中)中指责此译"校彼所翻词,或爽于梵文,理有乖于本义"。基于此点,基师力请玄奘法师重译斯本。但据今人研究真谛的译本,认为他的翻译有欠忠实倒是有的,说它错误是不会的。相传真谛译出《部执异论》后,曾有解释此论的论疏数卷问世,可惜现在佚而不存了,不然,我们会对真谛译本有更公允的评价。

三译本中最晚出的是《异部宗轮论》,它也是迄今最可信赖的译本。正如玄奘自赞:"文惬意无谬。"[②]玄奘译此论,是他十七年远游印度取经后,在西安玉华宫庆福殿译出的,时间是在唐高宗龙朔二年(公元六六二年)七月十四日。当时有窥基参与,在翻译过程中将领受到的旨趣编成《述记》,流传后世。

这部论只是玄奘所译七十五部、一千三百三十五卷经、论中的一种,由于玄奘在翻译上的高深造诣,加上窥基详尽的《述记》,使其译本几成定本,流传甚广。笔者所据是《卍续藏》中的《异部宗轮论述记》,部分错字则依一九二三年萍寄庐本和一九一二年江西刻经处本改正。

思想价值

本书题为"异部宗轮论",其中"论"标明它应归属于阿毗达磨藏，"异部"即不同的部派，指部派佛教时期的各部派；"宗轮"，宗是宗义或主义，轮是比喻，有能动能转的意思，宗轮指各部派的宗义不同，如同转动的轮盘，时此时彼，没有一定。同时，轮又为轮形的武器，有摧碾敌人的功能；宗是所尊奉的理论，用以指导众人。因此，宗轮又指作者树立佛法正论，摧折内外各派邪论。总之，本书全名既是申述各部派的宗义，又是摧邪立正，规约众生正确对待各派宗义。

为了表达这一主题，本论的布置结构与一般的论格式不尽相同。首先，印度论师造论，虽然风格各有不同，但一般在造论前，都是先示礼敬，次明动机。礼敬的对象是佛、法、僧三宝。本论虽说明了造论的动机，却没有礼敬文，这是它不同于一般论著之点。其次，一般经论的内容部分都分为序说、正宗、流通三部分。序说，是说明经论的缘起；正宗，是指出经论的宗要；流通，是嘱令此经此论的流传弘宣。本论全文，分偈颂和长行两大部分：偈颂说明作者造论的主旨，是序说部分；长行说明全论的内容，是正宗部分。但流通部分却是本论没有的，这不同于一般的格式。不过，玄奘译完此论后，曾作一颂劝后学勤学，可看作本论的流通部分。

本论内容，对佛教各部派间分裂的原因和过程，以及各派宗义和分歧的基点，都极尽委曲，无比周详。这或许是由于作者离部派纷争的时代不远的缘故，因而，本论至少在下列几点上为我们提供了极为重要的材料，具有极重要的思想价值：

（一）为我们认识了解部派佛学提供了一手材料。

佛教自产生以来，就在不断发展和变迁，在不同的时代呈现不同的特色。就佛教在印度的发展，一般认为分以下几个阶段：（1）原始佛教，从佛陀创立佛教到佛灭百年左右。这个时期的佛教以佛陀的教导为依范，重视道德修养，很少谈抽象理论。（2）部派佛教，从佛灭百余年后根本二部分裂，到大乘佛教兴起。这个阶段派别林立，各有所执，在教义和修行上也出现分歧。但这些纷争使佛教向前发展，适应了当时的现实，同时又把许多理论问题提了出来，为佛教理论的大发展伏下了契机。（3）大乘佛教，从佛灭后四五百年起，至佛教在印度灭亡止。这一时期，一方面是佛教理论的大发展，佛教教义在中观和唯识两派极为圆熟、周密；另一方面在实践上，是以利他为宗旨的菩萨道的大发扬，佛教赢得了广泛的群众基础，极大地发展了。

就以上分期情况看，部派佛教时期处于承先启后的中介位置。它前承原始佛教根本精神和基本教义，后启大乘佛教的思想雏形，具有特别重要的地位。但研究部派佛教较之原始佛教和大乘佛教，有特殊的困难。这是因为各部派的思想状况极为复杂，理论也极烦琐，要想把它研究清楚很不容易。再就是资料缺乏，关于这一时期的文字材料，远没有其他时期的多。这可能是由于那个时期的人们只顾争执，而忘记检阅所争论的问题了。虽然各部派内部，如有部、经量部和大众部，对各部派的情况有各自传说，但以文字形式独立传播开来的只有有部系的《异部宗轮论》。另外，有部论典《大毗婆沙论》中也有一些相关材料。

因此，《异部宗轮论》中的叙述，虽然失之简概，可也是研究部派佛学不可多得的一手材料。

（二）使我们认识到大乘佛学思想的历史渊源。

佛教是在大乘佛教产生之后开始传入中国的，因而中国佛教主要是大乘佛教的特色，这主要有三个方面：（1）利他的菩萨道，（2）究竟空，（3）胜义有。

过去，由于人们没看到大乘思想与原始佛教和部派佛教间的渊源关系，过分强调大乘思想的革命性和创新性，把大乘佛教以前的阶段贬为小乘。事实上，认真研究所谓的小乘佛教，尤其是部派佛教，我们会发现大乘思想只不过是对前面的思想加以进一步发展和追求完善而已，它根本不是无源之水、无本之木。

例如，大乘佛教最重要的菩萨道，在原始佛教时期就有表现，随佛陀转法轮的舍利弗，为佛教献身的目犍连，教化边民的富楼那等都表现了强烈的菩萨道精神。在部派佛教时期，许多高僧大德不但在实践上奉行利他至上的原则，还在理论上讨论了这一问题。

大众部、一说部、说出世部、鸡胤部四部主张"佛化有情令生净信，无厌足心"（按：大正四十九·页十五下），"菩萨为欲饶益有情，愿生恶趣，随意能往"（按：大正四十九·页十五下），这不是活脱的"众生不度尽，誓不入涅槃""我不入地狱，谁入地狱"吗？另外，大众系的三山部（按：即制多山、西山住、北山住）也主张"诸菩萨不脱恶趣"（大正四十九·页十六上），他们不脱恶趣，是为了利益恶趣中的众生呀！

另外，更有意思的是，说一切有部主张"佛慈悲等不缘有情，执有有情，不得解脱"，这里不但明确点出了大乘佛教中极重要的慈悲精神，更将这慈悲精神与般若空慧结合起来。"不缘有情"不正是《金刚经》中反复言明的"不着众生相"吗？悲智双运，不正是大乘佛教的根本精神吗？

事实上，部派佛教的般若思想，即究竟空的思想是非常明确的，大众系的部派尤其如此。光是从一说部（世出世法皆一假名）、说出世部（世间法是假名，出世法是真实）和说假部（世出世法有假有实）等这些名称中，我们就可以领会他们在理解万法究竟皆空的般若智上下的功夫。

同时，说一切有部、犊子部和经量部关于补特伽罗的思想，不但明确主张有胜义有，即妙有，而且它还是大乘唯识宗种子思想的雏形。经量部提出的"一味蕴"，更是明确的种子思想，窥基在《述记》（卍续五十三·页五八九下）就是以种子解说这一思想的。

既有利他，又有真空和妙有，我们能不说部派佛教对于理解和研究大乘佛教大有裨益吗？

（三）为我们建设现代佛教提供了许多有益的启示。

佛教主张一切法皆是缘起，它本身也不例外。佛教的生命就在于它的随缘而化，在以往的发展过程中，它的确适应了不同的历史时代，在各个时代都保持了活泼的生命。

相反，近一个世纪以来，中土佛教却呈现为一蹶不振的局面，许多人士都慨叹所谓的末法时代，真是这样吗？佛教真会就此销声匿迹吗？

事实上，我们看到周边邻国的佛教不是衰落，而是大大地发展了。日本、南韩、东南亚，以及港台地区，它们随着现代化的进程，逐渐重视弘扬佛教，而不是相反。佛教在它们那里呈现了各各不同的新鲜面貌。甚至在欧美各国，佛教也在发展，也在适应着当地的文化环境。据此，我们根本没有理由只是叹息，而要行动起来，迎接现时代的挑战，建立现代佛教。

我们现在的时代背景，很接近部派佛教的时代。建设现代佛教，可以从部派佛教中吸取很多有益的经验。其中最主要的一点是，不要担心分裂和争执。

宗教或学术的统一当然是好事，可是一味追求统一化、划一化，无疑又会造成思想的僵化和停滞。相反，百家争鸣的局面则能很好地促进思想和学术的进步。在纷争中，许多问题可以提出来并加以明辨；在分裂后，才能走向新的更高层次上的统一。

在现时代，我们一方面不要担心分裂和争执，鼓励各派思想各随其缘。另一方面，又要积极主动地确定适应现代社会的对策，这主要是要发挥佛教的文化特征，提倡人间佛教，着力净化心灵，提倡世间众生的自律，还要注意启迪智慧，在科学昌明的今天，加强与科学的对话和联盟。这些都应当是现代佛教的主旨。

总之，《异部宗轮论》一书具有极大的思想价值，值得介绍出来。由于它篇幅较小，仅四五千字，所以把它全文选入。另外，窥基的《述记》对理解本论也很有作用，故作为附录选上，以飨读者。

注释：

①演培《异部宗轮论语体释》(《谛观全集·论释四》第十二页，台湾正闻出版社，一九八三年)。

②见窥基《异部宗轮论述记》(卍续五十三·页五九〇上)，唐玄奘译毕所作的颂中。

经典

1 颂明造论的因缘

佛般涅槃^①后，适满百余年，圣教异部兴，便引不饶益。展转执异故，随有诸部起，依自阿笈摩^②，说彼执令厌。

世友大菩萨，具大智觉慧，释种^③真苾刍，观彼时思择。等观诸世间，种种见漂转，分破牟尼语，彼彼宗当说。应审观佛教，圣谛^④说为依，如采沙中金，择取其真实。

注释

①**般涅槃**：入涅槃。涅槃指智慧功德圆满、解脱生

死烦恼的寂灭境界。分有余依涅槃和无余依涅槃两种，前者烦恼断尽，生命依存；后者则烦恼与生命一齐灭尽。这里的般涅槃指入无余依涅槃。

②**阿笈摩**：梵文音译，或作阿含，义为圣传。它指辗转传来的佛陀的根本说法，是最纯洁最正确的教义。

③**释种**：释迦族，是佛陀出家前所属的部族。随佛陀出家者，不论其出身如何都属释迦的部族，所以这里的释种指信仰佛教者。

④**圣谛**：所谓谛，乃是真实不虚的道理；圣谛即指圣者所知一切寂静的境界。这是佛教的根本教义，故又称第一义、真谛。

译文

佛陀入灭之后，才过了一百多年，如来圣教中就兴起了不同的部派，于是引起了佛教的分化。由于他们执着于不同的情见，因此就有各部派的兴起，依照自己所承传的阿含教义，说别人的主张是执着，令众生生厌弃。

大菩萨世友，具有大智、大觉和大慧，是佛教僧团中真正的出家者。他深入观察那时的部派分裂，并认真地分别抉择。他平等地观察到世间有情为种种见解所漂转，而分裂了释迦牟尼佛的教法。现在就要说说这各个部派的宗旨。这里应审观以圣谛说为依据的佛教，对各派的见解，如沙中采金一样，选择其中的真理成分。

2　略述诸部分裂概况

如是传闻：佛薄伽梵①般涅槃后百有余年，去圣时淹，如日久没。摩揭陀国俱苏摩城，王号无忧②，统摄赡部，感一白盖，化洽人神。是时佛法大众初破，谓因四众共议大天③五事不同，分为两部：一、大众部，二、上座部。四众者何？一、龙象众，二、边鄙众，三、多闻众，四、大德众。其五事者，如彼颂言：

余所诱无知，犹豫他令入，

道因声故起，是名真佛教。

注释

①**薄伽梵**：梵文音译，旧译世尊，指佛教教主释迦

牟尼。

②**无忧**：无忧王，即阿育王。他是摩揭陀国孔雀王朝的第三代国王。由于他的弘护，佛法大昌。

③**大天**：部派佛教时期大众部的领袖人物，是导致佛教分化和革新的重要人物，也是后来大乘佛教的先驱。

译文

我是这样听说的：约在佛入灭后一百年之间，由于离圣人住世的时间稍远，佛法就如白日西落一样久久沉淹了。这时，摩揭陀国的首都俱苏摩城的大王称为无忧，统摄着赡部，即位时感一白云覆盖赡部洲，德化普及人、神。此时大众对佛法之见解不同而使佛教开始分裂。这是由于四众聚在一起议论大天所创的五事，因意见不同，分为根本的两部：一叫大众部，一叫上座部。其中的"四众"是指：一、威猛的龙象众，二、顺从的边鄙众，三、博学的多闻众，四、清净的大德众。其中的"五事"如大天的颂中所言："阿罗汉还会受天魔等的诱惑，仍有不知道的事情，仍然怀有疑问，由他人开示才能悟入圣果，圣道的现起必须行者发心说苦才可。这样来理解，才是真正的佛教。"

原典

后即于此第二百年，大众部①中流出三部：一、一说部②，二、说出世部③，三、鸡胤部④。次后于此第二百年，大众部中复出一部，名多闻部⑤。次后于此第二百年，大众部中更出一部，名说假部⑥。第二百年满时，有一出家外道，舍邪归正，亦名大天，于大众部中出家受具，多闻精进。居制多山，与彼部僧，重详五事，因兹乖诤，分为三部：一、制多山部⑦，二、西山住部⑧，三、北山住部⑨。如是大众部四破或五破，本末别说合成九部：一、大众部，二、一说部，三、说出世部，四、鸡胤部，五、多闻部，六、说假部，七、制多山部，八、西山住部，九、北山住部。

注释

①**大众部**：佛教根本派别之一，由大天创立，因其中僧众多为年少，数量广大而得名。

②**一说部**：大众部初期分裂出的部派之一。主张世间法和出世法都无实体，但有一假名而已，因而称为一说部。

③**说出世部**：大众部初期分裂出的部派之一。主张世间法是假名，出世法是真实，因而得名。

④**鸡胤部**：大众部初期分裂出的部派之一。重视三藏中的论，不重经、律。此部部主是鸡胤族的，因而得名。

⑤**多闻部**：大众部二期分裂出的部派。此部广学多闻，因而得名。

⑥**说假部**：大众部三期分裂出的部派。认为世间法和出世法都有假有实，而十二处、十八界为积聚之法，则都是为假，因而得名。

⑦**制多山部**：大众部末期分裂出的部派之一。以其居于制多山而得名。

⑧**西山住部**：大众部末期分裂出的部派之一。以其居于制多山之西而得名。

⑨**北山住部**：大众部末期分裂出的部派之一。以其居于制多山之北而得名。

译文

在这佛灭后百年到二百年中，大众部中分出三部：一、一说部，二、说出世部，三、鸡胤部。接着以后，在这第二百年中，大众部中又分出一部，叫多闻部。这第二百年中，大众部中又分出一部，叫说假部。到二百年满时，有一位出了家的外道弃邪归正，也叫作大天，在大众部中出家，受具足戒，广学博闻，精进修习。他住在制多山，与彼部（按：即大众部）僧人重新推详上述的五事，由于乖异争辩而分为三部：一、制多山部，二、西山住部，三、北山住部。如此大众部经过四次或五次分裂，连本宗带末宗共合成九部：一、大众部，二、一说部，三、说出世部，四、鸡胤部，五、多闻部，六、说假部，七、制多山部，八、西山住部，九、北山住部。

原典

其上座部①，经尔所时，一味和合，三百年初，有少乖诤，分为两部：一、说一切有部，亦名说因部②；二、根本上座部，转名雪山部③。后即于此第三百年中，从说一切有部流出一部名犊子部④。次后于此第三百年，从犊子部流出四部：一、法上部，二、贤胄部，三、正量部，四、密林山部⑤。次后于此第三百年，从说一切有部复出一部名化地部⑥。次后于此第三百年，从化地部流出一部名法藏部，自称我袭采菽氏师⑦。至三百年末，从说一切有部复出一部名饮光部，亦名善岁部⑧。至第四百年初，从说一切有部复出一部名经量部，亦名说转部，自称我以庆喜为师⑨。如是上座部七破或八破，本末别说成十一部：一、说一切有部，二、雪山部，三、犊子部，四、法上部，五、贤胄部，六、正量部，七、密林山部，八、化地部，九、法藏部，十、饮光部，十一、经量部。

注释

①**上座部：**佛教根本派别之一，因其中僧人多是耆年大德、德高位显而得名。

②**说一切有部，亦名说因部：**上座部初期分裂出的部派之一，认为世间有为法和出世无为法都有实体，因而得名。另：此部重视论藏对法的弘宣，说法都讲明其原因，所以又叫说因部。

③**雪山部：**上座部初期分裂出的部派之一。因分裂后被迫迁往雪山中居住而得名。又因其教义多承袭原上座部之说，所以也叫根本上座部。

④**犊子部：**从说一切有部分裂出的部派之一。因此部部主属犊子族而得名。

⑤**法上部……密林山部：**从说一切有部后又分裂出的各部派。法上部主张有在众生之上的出世法，因而得名；贤胄部的部主是贤人的后裔，因而得名；正量部主张刊定正法，因而得名；密林山部是依其住处而得名。

⑥**化地部**：从说一切有部分裂出的部派之一。此部部主曾是化度地上众生的国王，因而得名。

⑦**法藏部……采菽氏师**：从化地部分裂出的部派。此部部主名为法藏，故得名。采菽氏，即指佛陀门下高徒目连。

⑧**饮光部……善岁部**：从说一切有部分裂出的部派之一。此部部主姓饮光，故得名。又因他年岁很小就有善德，所以又叫善岁部。

⑨**经量部……以庆喜为师**：从说一切有部分裂出的部派之一。此部主张一切都依经为准，不依律、论，因而得名。佛陀门下有阿难主张弘经，所以此部以庆喜为师。另外此部还主张有种子相续流转，因此又叫说转部。

译文

上座部在大众部分裂时（按：《述记》认为是二百年间），还是一直和合的，到佛灭第三百年初，有一些乖异争辩，遂分成两部：一、说一切有部，也叫说因部；二、根本上座部，后改称雪山部。后来在这第三百年中，从说一切有部分出一部叫犊子部。之后在这第三百年中，从犊子部分出四部：一、法上部，二、贤胄部，三、正量部，四、密林山部。其后在这第三百年中，从说一切有部又分出一部叫化地部。以后还是在这第三百年中，从化地部流出一部叫法藏部，自称沿袭采菽氏师（按：即目犍连，梵 Maudgalyāyana）。到第三百年末，从说一切有部又分出一部叫饮光部，也叫善岁部。到佛灭第四百年初，从说一切有部又分出一部叫经量部，也叫说转部，自称以庆喜为师（按：即阿难 Ānanda）。如此上座部经过七次或八次分裂，本宗和末宗合起来共成十一部：一、说一切有部，二、雪山部，三、犊子部，四、法上部，五、贤胄部，六、正量部，七、密林山部，八、化地部，九、法藏部，十、饮光部，十一、经量部。

3 广陈诸部宗义异同

大众系本末宗同异义

原典

　　如是诸部本宗末宗同义异义①，我今当说。此中大众部、一说部、说出世部、鸡胤部本宗同义者，谓四部同说：诸佛世尊皆是出世，一切如来无有漏法②；诸如来语皆转法轮③，佛以一音说一切法，世尊所说无不如义；如来色身④实无边际，如来威力亦无边际，诸佛寿量亦无边际；佛化有情⑤令生净信，无厌足心；佛无睡梦；如来答问不待思维；佛一切时不说名等，常在定故，然诸有情谓说名等欢喜踊跃。一刹那心了一切法，一刹那心相应般若⑥知一切法；诸佛世尊尽智、无生智⑦恒常随转，乃至般涅槃。

注释

①**本宗末宗同义异义**：本宗指诸部分裂前共属的部派，它们共同赞成的教义是本宗同义；末宗指诸部分裂后形成的不同部派，它们各自主张的不同教义是末宗异义。

②**有漏法**：漏是漏失，指烦恼而言。烦恼在生死轮回中流转不断，所以叫有漏法。

③**转法轮**：比喻宣扬传播佛法。佛法具有摧毁一切烦恼的作用，因而喻为轮。

④**色身**：指由地、水、火、风四大及色、声、香、味、触五尘等元素组成的肉身。

⑤**有情**：指世间众生，因其有情有爱而得名。

⑥**般若**：指了知诸法实相的智慧，只有成了佛才能得此智慧。

⑦**尽智、无生智**：佛与声闻、缘觉二乘共得的两种智慧。前者是现在烦恼断尽时所自觉的智慧，后者是未来烦恼不再生起时所得的智慧。

译文

（世尊观）

我现在应当说说各部本宗末宗的同义和异义。其中大众部、一说部、说出世部和鸡胤部的本宗同义是：这四部都主张诸佛世尊都是出世的，一切如来都没有有漏的法；诸如来的话都是在转法轮，佛是以一音演说一切佛法的，并且佛世尊所说的没有不符合真理的；如来的色身实际上是没有边际的，如来的威德之力、寿量也没有边际；佛教化有情众生，使他们生起纯净信仰的心是没有厌足的；佛没有睡梦；如来回答问题时，不用思考；佛由于经常在定中，所以什么时候也不用思维名句文辞而言说，但闻法的众生，则以为佛为了众生说法而思维名句文辞，因此有应理言教现前，而欢喜踊跃。佛于一刹那的心念中，能了知一切法，与一刹那的心念相应的般若慧，能了知一切法；诸佛世尊的尽智和无生智一直伴随他们运转，直到入涅槃。

原典

一切菩萨入母胎中，皆不执受羯剌蓝①、頞部昙②、闭尸③、键南④为自体。一切菩萨入母胎时，作白象形；一切菩萨出母胎时，皆从右胁生；一切菩萨不起欲想、恚想、害想⑤。菩萨为欲饶益有情，愿生恶趣⑥，随意能往。

①羯刺蓝：生命形成的第一阶段。业识种子与父精母血接触后，最初七日内，渐渐凝结，但还稍显稀薄。即托胎以后最初七日间之状态。

②颇部昙：生命形成的第二阶段。受胎后第二个七日内，生命的肉体已表里如一，但还没有完成肉体的形态。

③闭尸：生命形成的第三阶段。受胎后第三个七日内，新生命在母胎中已成了肉体的模型，但还很柔嫩软弱。

④键南：生命形成的第四阶段。受胎后第四个七日内，生命的肉体初具形式，并且很坚厚。

⑤欲想、恚想、害想：指贪欲、嗔恚、损害等不正确的想法，合称三恶寻。

⑥恶趣：众生因其恶业而往的去处，有三恶趣（地狱、饿鬼、畜生）、四恶趣（地狱、饿鬼、畜生、阿修罗）和五恶趣（地狱、饿鬼、畜生、人、天）之说。

译文

（菩萨观）

一切菩萨入母胎时，都不执受羯刺蓝、颇部昙、闭尸、键南等生命形成的四阶段，为生命的自体。一切菩萨入母胎时，都是白象的形象；一切菩萨出母胎时，都是从右胁部生出；一切菩萨都不会生起贪欲、嗔恚、损害的思想观念。菩萨为了利益有情众生，愿意生在恶趣度化众生，以他大悲神通力，随意自在投生。

原典

以一刹那现观边智[①]，遍知四谛诸相差别；眼等五识身[②]，有染有离染；色、无色界具六识身；五种色根，肉团为体，眼不见色，耳不闻声，鼻不嗅香，舌不尝味，身不觉触；在等引位[③]，有发语言，亦有调伏心，亦有净作意。

注释

①**现观边智**：见道现前观察后边所生起的世俗智。

②**五识身**：眼识、耳识等五识所依的眼、耳等五种身体器官，加上意则为六识身（编按：身即为集团之义）。

③**等引位**：定位，入定能引生身心的平等安详，因此叫等引位。由前加行等所引发的定之分位，亦称为三摩呬多。

译文

（智识观）

用一刹那生起的见道现前观察后边所生的世俗智，可以知道四圣谛的各差别相；眼、耳、鼻、舌、身等五识身有染污，也可离却染污；色界、无色界都有眼、耳、鼻、舌、身、意六识之身；眼、耳、鼻、舌、身等五种色根的自体是肉团，眼没有看见色的功能，耳没有听声的功能，鼻没有闻香的功能，舌没有尝味的功能，身没有觉触的功能；在等引定位中，心缘语业可以发出言语，心缘定境也能调伏其心，心缘散境也有净作意。

原典

所作已办，无容受法。诸预流者①，心、心所法②能了自性。有阿罗汉③为余所诱，犹有无知，亦有犹豫，他令悟入，道因声起。苦能引道，苦言能助。慧为加行，能灭众苦，亦能引乐。苦亦是食，第八地④中亦得久住，乃至性地⑤法，皆可说有退。预流者有退义，阿罗汉无退义。无世间正见⑥，无世间信根⑦，无无记法⑧。入正性离生⑨时，可说断一切结⑩；诸预流者，造一切恶，唯除无间⑪。

注释

①**预流者**：得初果者。他以空无我智，断除迷理（三界）的见惑，预入圣者的流类，所以叫预流。

②**心、心所法**：心法指世间除有质碍的色法之外，有了识作用的诸法。心所法是这心法所具有、所附带的诸法。

③**阿罗汉**：小乘四果中的最高位。证此果者彻底断除烦恼，不再生死，永入涅槃。

④**第八地**：小乘的果位，有四向四果八个阶段。这里的第八地是指其中的初果向，又称预流向。指入见道时，初见四圣谛之理，得无漏清净智慧眼之阶位。此位圣者尚未证入初果，只是趋向初果之位。

⑤**性地**：十地中第二地。此位降伏思见的迷惑，约略看到法性的空理。

⑥**正见**：正确无谬的智慧，是能够断惑证真的无漏慧。

⑦**信根**：坚固真实的信仰。

⑧**无记法**：无法判定其善恶之性的诸法。

⑨**正性离生**：指见道。见到真正的自性，离却烦恼生灭，就是见道。

⑩**结**：烦恼的异名。因烦恼结集生死、系缚众生，

所以称为结。

⑪**无间**：指五无间业，此业受报则往生八大地狱中的第八阿鼻地狱。

译文

（圣果观）

阿罗汉所作已办，不再执着境界的差别相。得了预流初果的，其心、心所在一刹那间能了悟自性。有的阿罗汉还会受天魔等所诱惑，而泄不净之漏，还有所不知，对观照世间的实相，仍未完全明了，须由他人开示才能悟入圣果，圣道的现起必须行者发心说苦才可。说苦能引生圣道，又能助行者。智慧是更进一步的境界，它能断灭各种苦难，也能引得涅槃菩提胜果乐。苦难也是众生的资粮，在第八地初果向（按：即预流向）中也可以长久住入，即使到了世间第一法——性地法中，还有退转的可能。得预流果的有退转的可能，得阿罗汉果的没有退转的可能。世间没有彻底无谬的智慧，没有真实不移的信心，没有非善非恶的无记法。进入正定，离却凡夫生灭时，进入见道时，方可以说断除了一切烦恼结缚；一切得预流果者，除了不造极重的五无间业外，还不免会造其他微细的恶业。

佛所说经，皆是了义。无为法①有九种：一、择灭，二、非择灭，三、虚空，四、空无边处，五、识无边处，六、无所有处，七、非想非非想处，八、缘起支性，九、圣道支性。心性本净，客尘②烦恼之所杂染，说为不净。随眠③非心非心所法，亦无所缘。随眠异缠④，缠异随眠，应说随眠与心不相应，缠与心相应。过去、未来非实有体。一切法处⑤非所知、非所识，是所通达。都无中有⑥。诸预流者亦得静虑⑦。

如是等是本宗同义。

①**无为法**：与有为法相对，即无因、无缘、本然不生灭的法。有三无为、六无为、九无为等说法。

②**客尘**：形容烦恼。烦恼不是心性固有之物，所以叫客；它又染污心性，所以叫尘。

③**随眠**：烦恼的异名。烦恼随逐众生而不离，所以叫随；烦恼的体状如睡眠一样幽微难知，所以叫眠。

④**缠**：烦恼的异名。烦恼能缠缚人身心，使其不自在，所以叫缠。

⑤**法处**：十二处之一。意根所对的境，总称法处。

⑥**中有**：指前生已灭、后生未成的中间状态。

⑦**静虑**：禅定，是佛教的基本修行之一。

译文

（教法观）

佛所说的一切经都是究竟了义的。无为法有九种：一、由智慧拣择而得的寂灭，二、不由智慧拣择而得的自然寂灭，三、无碍的虚空，四、厌色而观空无边的无为，五、心识无边的无为，六、一切都没有的无为，七、舍弃想和非想的无为，八、缘起性本身的无为，九、圣道本身的无为。众生心性本来清净，只是由于客尘烦恼杂染的缘故，才说是不清净的。随眠不是心法，也不是心所法，它没有所缘的东西。随眠与缠缚不同，应当说随眠与心不相应，缠缚与心相应。过去、未来没有实在的自体。意识现量所观的法处对象，既不是普通的世俗智所能了知，也不是有漏的情识所能认识，而必须是见道以上的圣者才能通达。根本没有前后生命际间的中有。得预流果者，也可得根本静虑禅定。

这就是大众、一说、说出世、鸡胤四部共同赞成的教义。

此四部末宗异义者：如如圣谛，诸相差别，如是如是，有别现观①；有少法是自所作，有少法是他所作，有少法是俱所作，有少法从众缘生。有于一时二心俱起；道②与烦恼，各俱现前；业与异熟③，有俱时转。种即为芽。色根大种④有转变义，心，各心所法无转变义。心遍于身，心随依境卷舒可得。诸如是等末宗所执，展转差别有无量门。

注释

①**现观**：智慧现在观察谛理叫现观。

②**道**：指圣道，是解脱烦恼的神圣佛道。

③**异熟**：旧译果报，指依据过去的善恶业而得的报应。

④**色根大种**：指由地、水、火、风四大构成的质碍之体。

译文

这四部都不赞成的教义是：四圣谛各有其不同的相状，观察它们的现观智，也有各各不同的相状；有一些法是自己作的，有一些法是别人作的，有一些法是自他共作的，另有一些法是从很多因缘中生出的。在同一时间内可有不同的两种心识一起生起；圣道与烦恼同时现前；前时造的业与异时成熟的果报有时可以一同流转。业种就是果芽。色根的大种在生灭过程中有形相的转变，心法和心所法在生灭过程中没有形相的转变。身体中到处都有执受心，心识随着外境的大小舒展或卷缩。这些各部所执的不同教义，除上述所言外，还有其他许多，不一一罗列了。

大众部所出余部宗义

原典

其多闻部本宗同义：谓佛五音①是出世教：一、无常，二、苦，三、空，四、无我，五、涅槃寂静，此五能引出离道②故。如来余音③是世间教。有阿罗汉为余所诱，犹有无知，亦有犹豫，他令悟入，道因声起。余所执多同说一切有部。

注释

①**五音：** 音即声音、言说，五音指佛陀的无常、

苦、空、无我、涅槃寂静等五种说法。

②**出离道：**出离生死轮回、趣入寂静涅槃的圣道。

③**余音：**指佛陀说法中，除了五音以外的说法。

译文

多闻部所赞同的是：佛陀的五种说法是出世间的教义，这就是：（一）无常，（二）苦，（三）空，（四）无我，（五）涅槃寂静，这五教法能引生出离世间之道。如来其余的说法是世间教义。阿罗汉还会受到天魔的引诱，仍有不清净、无知，对观照世间的实相，仍未完全明了，由他人开示才能悟入圣果，圣道的现起必须发心说苦才可。此部所执的其他教义多与说一切有部相同。

原典

其说假部本宗同义：谓苦非蕴^①；十二处^②非真实；诸行相待，展转和合，假名为苦，无士夫用；无非时死，先业所得。业增长为因，有异熟果转；由福^③故得圣道，道不可修，道不可坏。余义多同大众部执。

注释

①**蕴：**义为积聚，共分色、受、想、行、识五蕴。

②**十二处**：眼、耳等六根与其所缘的六境，合称十二处。

③**福**：指修布施、持戒等福德。

译文

说假部所共同赞成的是：苦不是诸蕴和合；十二处是不真实的；诸行相互对待，流转和合，假名为苦，它不是人们的作用所造就；没有偶然无因的死，这都是先前的业力所得的结果。业力不断增长异熟因，才会招感异熟果报的不断转动；圣道不能只由修加行的智慧得到，而须要由修布施、持戒等福德得到，一旦得圣道，就不会被毁坏了。此部所执的其他教义多与大众部相同。

原典

其制多山部、西山住部、北山住部，如是三部本宗同义：谓诸菩萨不脱恶趣；于窣堵波①兴供养业，不得大果。有阿罗汉为余所诱，此等五事及余义门，所执多同大众部说。

注释

①**窣堵波**：梵文音译，义为高胜处，是安奉佛及声

闻舍利的高胜处。

译文

制多山部、西山住部、北山住部这三部共同赞成的教义是：诸菩萨不脱离恶趣；在高胜处供养佛舍利等，得的果报不大。阿罗汉还会被天魔诱惑等五事，以及其他主张，多与大众部相同。

有部系本末宗同异义

原典

其说一切有部本宗同义者：谓一切有部诸法有者皆二所摄：一、名①，二、色；过去、未来体亦实有；一切法处皆是所知，亦是所识及所通达；生、老、住、无常相②，心不相应，行蕴所摄；有为事有三种，无为事亦有三种；③三有为相④别有实体；三谛是有为，一谛是无为。⑤

注释

①名：指诸法中体性隐微、其相难知的精神界及无

为界。

②**生……无常相**：世间众生的出生、衰老、暂住和死灭，它们是有为法的四相。

③**有为事……有三种**：过去、现在、未来三世是三种有为事；虚空、择灭、非择灭是三种无为事。

④**三有为相**：过去、现在、未来三世的功能、体相，也就是生、异、灭等三体相。

⑤**三谛……无为**：三谛是四圣谛中的苦、集、道，属有为法；一谛是其中的灭，属无为法。

译文

（总法观）

说一切有部共同赞成的教义是：一切有部主张实有的法，分为两大类，即无质碍的名和有质碍的色；时间上的过去、未来有实有的体性；意识现量所观的法处对象，可由普通的俗智了知，也可由有漏的情识认识，当然，见道以上的圣者更能通达；生成、衰老、暂住、结束四种相状，归属于心法中的不相应行蕴；有为法有三种，即过去、现在、未来三世，无为法有三种，即虚空、择灭、非择灭；这三种有为的相状另外还有实体；四谛中的苦、集、道三谛是有为的，灭谛是无为的。

原典

　　四圣谛渐现观；依空、无愿二三摩地①，俱容得入正性离生。思维欲得入正性离生，若已得入正性离生，十五心顷说名行向，第十六心说名住果②。世第一法③一心三品，世第一法定不可退；预流者无退义，阿罗汉有退义；非诸阿罗汉皆得无生智；异生④能断欲、贪、嗔恚；有诸外道能得五通⑤；亦有天中住梵行⑥者；七等至⑦中觉支⑧可得，非余等至；一切静虑皆念住⑨摄；不依静虑得入正性离生，亦得阿罗汉果；若依色界、无色界身，虽能证得阿罗汉果，而不能入正性离生；依欲界身非但能入正性离生，亦能证得阿罗汉果；北俱卢洲⑩无离染者，圣不生彼及无想天⑪；四沙门果⑫非定渐得；若先已入正性离生，依世俗道有证一来及不还果；可说四念住能摄一切法；一切随眠皆是心所，与心相应，有所缘境；一切随眠皆缠所摄，非一切缠皆随眠摄。

　　缘起支性⑬定是有为，亦有缘起支随阿罗汉转；有阿罗汉增长福业；唯欲、色界定有中有；眼等五识身有染无离染，但取自相，唯无分别；心、心所法体各实有，心及心所定有所缘；自性⑭不与自性相应，心不与心相应；有世间正见，有世间信根；有无记法；诸阿罗汉亦有非学、非无学法⑮；诸阿罗汉皆得静虑，非皆能起静虑现前；有阿罗汉犹受故业；有诸异生住善心死；在等引位必不命终；佛与二乘⑯解脱无异，三乘圣道各有差别；佛慈悲等，不缘有情，执有有情，不得解脱；应言菩萨犹是异生，诸结未断；若未已入正性离生，于异生地未名超越；有情但依现有执受相续⑰假立；说一切行皆刹那灭；定无少法能从前世转至后世，但有世俗补特伽罗⑱说有移转，活时行聚；即无余灭，无转变诸蕴；有出世静虑；寻⑲亦有无漏；有善是有因⑳；等引位中无发语者。

注释

①**空、无愿二三摩地**：三摩地，梵文音译，或译三昧，义为定。空、无愿二三摩地是指观空、观无愿望的两种定法。

②**十五心……名住果**：小乘认为八忍、八智为十六心。前十五心为苦法智忍、苦法智、集法智忍、集法智、灭法智忍、灭法智、道法智忍、道法智、苦类智忍、苦类智、集类智忍、集类智、灭类智忍、灭类智、道类智忍，这十五心是趋向果位。第十六心是道类智，它住入了果位。

③**世第一法**：四加行位的第四位，是有漏智的极端，世俗智的第一。

④**异生**：凡夫众生的异名，因众生受报各各不同而得名。

⑤**五通**：指五种超常、不可思议的神通，包括天眼通、天耳通、他心通、宿命通、神足通。

⑥**梵行**：梵义为清净，梵行即断除淫欲的清净修行。

⑦**七等至**：等至，定的别名。因在定中身心平等之境来到而得名。七等至是四禅及空无边处、识无边处、无所有处等无色界的下三处。参阅下列三界之图。

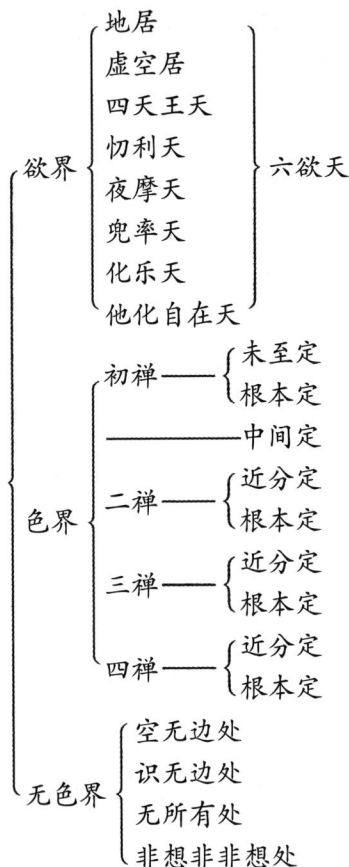

```
        ┌ 地居
        │ 虚空居
        │ 四天王天          ┐
   欲界 ┤ 忉利天            │
        │ 夜摩天            ├ 六欲天
        │ 兜率天            │
        │ 化乐天            │
        └ 他化自在天        ┘

        ┌ 初禅 ──┤ 未至定
        │         └ 根本定
        │ ──────── 中间定
        │         ┌ 近分定
        │ 二禅 ──┤
        │         └ 根本定
   色界 ┤         ┌ 近分定
        │ 三禅 ──┤
        │         └ 根本定
        │         ┌ 近分定
        │ 四禅 ──┤
        └         └ 根本定

        ┌ 空无边处
        │ 识无边处
  无色界┤ 无所有处
        └ 非想非非想处
```

⑧**觉支**：觉察心术的偏正为觉支。共有念、择法、精进、喜、轻安、定、舍等七觉支。

⑨**念住**：小乘修法，停心观境为念住。有身不净、受是苦、行无常、法无我等四项。

⑩**北俱卢洲**：佛教中四大部洲之一，居北方，是最理想最快乐的一洲。

⑪**无想天**：无想的有情所居的天，在四禅的广果天上。

⑫**四沙门果**：四果。声闻乘的不同果位，依次为预流、一来、不还和阿罗汉。

⑬**缘起支性**：诸法的因缘而起之性。

⑭**自性**：诸法各自具有的不变的性质。

⑮**非学、非无学法**：学法是有学圣者所得的无漏有为法，无学法是无学圣者所得的无漏有为法，非学非无学法是指学、无学法以外的有漏无为法。

⑯**二乘**：指声闻、缘觉二类修行者。

⑰**执受相续**：执即执持，受即摄受。执受相续不断，就形成有情众生。

⑱**世俗补特伽罗**：补特伽罗，梵文音译，或译为人我、数取趣，指轮回的主体。由于它没有实体，只是假立的，所以是世俗的。

⑲**寻**：寻求，是一种心所法，属不定地。

㉑**善是有因**：善指福业，有是三有，即欲、色、无色三界。这里的意思是福业可以是人天福报的原因。

译文

（杂法观）

四圣谛是要依次现前如实观察的；依据空、无愿二种三摩地都可以进入有正性而离生灭的道中。思维欲界的苦谛就能进入有正性而离生灭的道中，如果进入了，那么心识中的前十五应当说是不断地行向初果，第十六心是住入初果。世间上最高超的佛法，就是这一刹那心。有佛、独觉、声闻三种所起的世间最殊胜善根，而这些都不会退转；得预流果的不会退转，得阿罗汉果的可能退转；并不是所有得阿罗汉果者都能得无生智；众生能够断除欲望、贪爱、嗔恚；有些外道也能得五种神通；在天界中也有保持清净梵行的；在七种定中有念、择法、精进、喜、轻安、定、舍七觉支，在别的定中则没有；一切禅定静虑都由四念住统摄；不依靠禅定静虑而进入正性离却生灭的，也可得阿罗汉果；如果依靠色界和无色界的身体，虽然能证得阿罗汉果，但不能入正性离生灭；依靠欲界的身体，不但能入正性离生灭，也能证得阿罗汉果；在最理想快乐的北俱卢洲的众生，没有一个是想离却染污的，圣者不想生到那里，也不想生到无想天；初、二、三、阿罗汉四果的证得，不一定是渐次的；如果先已入正性离生灭了，按照世俗之道可以说能证得一来果和不还果；四念住能够统摄一切法；一切的随眠都是心所，与心相适应，并且有所缘的境；一切的随眠都被缠缚所统摄，而不是一切缠缚被随眠统摄。

无明、行、识等十二缘起是生灭的有为法，也有些缘起支是流转支配到阿罗汉位的；得阿罗汉果者，还要增长福业；只要在欲界和色界，就肯定有中有；眼、耳、鼻、舌、身等有染污，却没有离却染污，它们只执取自身的形相，没有随念、计度二种分别；心法与心所法各有实体，也一定有所缘的境；法体恒存的自性不与自性本身相应，心也不与自身相适应；世间有正见，也有信根；有无法辨明善恶的无记法；诸阿罗汉也有学法和无学法之外的法；诸阿罗汉虽然都能得到根本静虑，可并不是都能马上使根本静虑现起；有的阿罗汉还受过去行业之报；世间众生在死去时，有的生起善心；在禅定中必然不会死去；佛与独觉、声闻二乘的解脱目的没有差异，但这三乘趋向圣果的道路各有差别；佛的慈悲以五蕴体性为缘，而不以有情众生为对象，如果执着于确有有情众生，就得不到解脱；应当说菩萨还是众生，他们的各种结缚还未断除；如果还没有入正性离生灭，在众生之地上，就不能叫作超越；有情众生只是依据现有执着感受的相互连续而假立的；主张一切行都是刹那生灭的；一定没有什么东西能从前世流转到后世，只是有了世俗假立的补特伽罗，可以说有转移的东西，但只是存活时为行所统摄的五蕴法；刹那间息灭得无余灭位时，就无转变到后世的五蕴了；有出世间的禅定静虑；寻思也有无烦恼、无漏的；有的福业是三有（欲、色、无色）的原因；在禅定等引位中没有说出语言的。

原典

八支圣道是正法轮，非如来语皆为转法轮，非佛一音①能说一切法。世尊亦有不如义言，佛所说经非皆了义，佛自说有不了义经。

此等皆为本宗同义，末宗异义其类无边。

注释

①**一音**：音即音声，是佛陀的言教。佛陀的言教既一贯，又唯一，所以是一音。

译文

（教法观）

八种圣道是真正的佛法，如来说法并不全在宣说八正道，佛也不是只用一种音声去说一切佛法的。世尊也有说过未了义法，世尊所说的法不完全都是一乘、了义的法，佛自己也说过有不了义的经典。

这些都是有部诸宗所共同赞成的教义；不同宗派间所持的乖异争端，则其类无量无边，不能尽言。

原典

其雪山部本宗同义：谓诸菩萨犹是异生，菩萨入胎，不起贪爱①；无诸外道能得五通；亦无天中住梵行者。

有阿罗汉为余所诱，犹有无知，亦有犹豫，他令悟入。道因声起。余所执多同说一切有部。

注释

①贪爱：对外境贪着爱着而不能离，此处包括淫欲的贪爱和亲爱的贪爱两种。

译文

雪山部共同主张的教义是：诸菩萨还是众生，虽入母胎时却不生起贪欲和爱执；各种外道因执着邪见，因此无法证得五种神通；生于天界中，身心贪恋殊胜快乐，哪有清净的修行人？

罗汉仍会受到三界的诱惑，仍有不清净和无知，观照世间的实相仍未明了，须由闻法才能悟入圣果。圣道须在感受苦时，方才生起。其余执见多与说一切有部相同。

原典

其犊子部本宗同义：谓补特伽罗非即蕴离蕴，依蕴处界①，假施设名；诸行有暂住，亦有刹那灭；诸法若离补特伽罗，无从前世转至后世，依补特伽罗可说有移转；亦有外道能得五通；五识无染，亦非离染；若断欲界修所断结，名为离欲，非见所断②；即忍、名、相、世第一法③，名能趣入正性离生；若已得入正性离生，十二心顷说名行向，第十三心说名住果④。有如是等多差别义。

注释

①**蕴处界**：指五蕴、十八界、十二处，总称三科。

②**修所断结……非见所断**：结缚或迷惑有两类，一为见惑，二为修惑。见惑是由种种分别和妄见所生的迷惑，修惑是对世间事物起贪、嗔、痴等迷情的迷惑。此

处认为断了修惑就是离欲了。

③忍、名、相、世第一法：合称四加行，即趋向见道位的修行。忍是认可、领纳四谛之理，名是观四谛各别的教，相是观四谛不同的理，世第一法则是最高的世间修法。

④十二心……名住果：此部主张苦法智、苦法忍、苦类智、集法智、集法忍、集类智、灭法智、灭法忍、灭类智、道法智、道法忍、道类智等为趋向果位的十二心，总观以上十二心的为住入果位的第十三心。

译文

（犊子部本宗同义）

犊子部本宗内所赞同的教义是：认为补特伽罗不是五蕴，也不离却五蕴，它是依着蕴处界等假立施设的名称；各种"行"有暂时留住的，也有刹那生灭的；一切法如果离开补特伽罗，就不能从前世流转到后世，由于补特伽罗才可以说有转移；有的外道也能得五种神通；眼、耳、鼻、舌、身等五识没有染污，也不离却染污；如果断除欲界中事相的迷惑，就叫离却欲望，而不是断除了道理上的迷惑；有忍、名、相、世第一法四种加行，可以进入正性离却生灭；如果已经入正性离生灭，那么前十二心是向果位行进，第十三心是住入果位。犊子部如上的主张，与其他各派有很大的差别。

原典

因释一颂执义不同，从此部中流出四部，谓法上部、贤胄部、正量部、密林山部。所释颂言：

> 已解脱更堕，堕由贪复还。
> 获安喜所乐，随乐行至乐。[①]

注释

①已解脱……行至乐：对这个颂子的不同解释分别为：

1.法上部：各经典和阿毗达磨中说阿罗汉有六种，即退法、思法、护法、安住法、堪达法、不动法。把这六种再分类，有退、住、进三类。其中退阿罗汉的一类，虽已解脱了一切烦恼，但仍更退堕下来。他之所以会退堕，是由于有时起的贪着。虽然起贪而退堕，但退后不久，立即又还复其果位，所以说：已解脱更堕，堕由贪复还。住阿罗汉的一类，由于远离了殊胜的退缘，所以不会再退。虽说不再退堕，可是由于远离了殊胜加行的因缘，所以也不再增进。他们不退不进，只住于所得的安喜和乐中，所以说：获安喜所乐。进阿罗汉的一类，随顺已得的解脱之乐，更求生起现法乐住，所以说：随乐行至乐。

2．贤胄部：颂中的初二句，是约声闻罗汉说的。罗汉有六种。已解脱，指护法、安住、堪达、不动的四种；更堕、堕由贪、复还，指退法、思法的二种。颂中的第三句，是约独觉圣者说的。他们获得了安喜之乐以后，就安然地享受其果乐。颂中的末一句，是约最高佛果说的。到达佛果的高位，就可随乐行至乐了。

3．正量部：此部以四沙门果分六种人说明此颂。已解脱，指初果，因为初果圣者最初断除了迷理的见惑，得到择灭的解脱。更堕，指家家，是证初果后向二果进趣的一来向圣者。他在预流的进修位中，或在异生位中的时候，断除了欲界的三四品修惑，所以说更堕为家家。复还，指一来果，因他还得往生天上和人间一次，而后才得涅槃。堕由贪，指一间人，是证二果后向三果进趣的不还向圣者。他在一来的进修位中，断除欲界的七品或八品修惑，名为一间。由于为一品贪惑所间隔而不得涅槃，所以说堕由贪。获安喜所乐，指不还果圣者。证得此果者，不再还生到欲界，所以安喜和乐。随乐行至乐，指阿罗汉圣者。证得此果者，能随其意乐而入涅槃，享受涅槃至乐。

4．密林山部：此部以六种阿罗汉说明此颂。已解脱，指思法。思法罗汉得解脱后，时刻惧怕退失自己先前所得的功德，极力守护以保持不退。更堕，指退法。退法罗汉得解脱后，遇到了少缘，就将自己所得的又退失了。堕由贪，指护法。护法罗汉得解脱后，恐退失所得，加以防护。防护稍有疏忽，或由贪退，所以说堕由贪。复还，指安住。安住罗汉得解脱后，虽不后退，亦不增进，可还得果并安住于果。获安喜所乐，指堪达。堪达罗汉得解脱后，由于其性有堪能，好修炼根，速达不动，所以能获安喜所乐。随乐行至乐，指不动。不动罗汉得解脱后，能随其意乐而至涅槃界，享受涅槃至乐。

由于这几种解释间的重大差异，导致了部派的分裂。

译文

（余四部差别异义）

由于对一个颂子含义的不同理解，从犊子部中流出四部，即法上部、贤胄部、正量部、密林山部。它们所解释的颂子是：已解脱者会再堕落，堕落的原因是由贪起；退堕以后，不久会再觉醒精进，又复还其果位。欣喜获得安喜之所，随顺解脱之乐而达到至乐。

原典

其化地部本宗同义：谓过去、未来是无，现在、无为是有；于四圣谛一时现观，见苦谛时能见诸谛，要已见者能如是见；随眠非心亦非心所，亦无所缘，与缠异；随眠自性、心不相应，缠自性、心相应；异生不断欲、贪、嗔恚；无诸外道能得五通；亦无天中住梵行者；定无中有；无阿罗汉增长福业；五识有染亦有离染；六识皆与寻、伺①相应。亦有齐首补特伽罗②；有世间正见，无世间信根；无出世静虑，亦无无漏寻；善非有因；预流有退，诸阿罗汉定无退者；道支③皆是念住所摄；无为法有九种：一、择灭，二、非择灭，三、虚空，四、不动，五、善法真如，六、不善法真如，七、无记法真如④，八、道支真如，九、缘起真如；入胎为初，命终为后；色根大种皆有转变，心、心所法亦有转变；僧中有佛，故施僧者便获大果，非别施佛；佛与二乘皆同一道，同一解脱；说一切行皆刹那灭；定无少法能从前世转至后世。此等是彼本宗同义。

注释

①伺：细心伺察事理，属心所法中的不定法。

②**齐首补特伽罗**：齐与际相通，义为到达三界生死

的边际。齐首补特伽罗，指证得不还果的圣者，他们断尽欲界的九品修惑，生到三界最高的有顶天——非想非非想处，在此处到命终时自然而然地灭尽惑染，证入涅槃。

③**道支**：八正道，它要求行者有正确的见解、正确的思维、正确的言语、正确的行业、正确的安命之道、正确的努力精进、正确的念头、正确的禅定。

④**善法真如……无记法真如**：真实如常的诸法体性是真如。真如随机缘表现为善的，就是善法真如；表现为恶的，就是恶法真如；表现为善恶无记性的，就是无记法真如。

译文

（化地部本宗同义）

化地部共同赞成的教义是：认为过去和未来是没有实体的，现在和无为法是有实体的；对于四圣谛，是一时顿然观照，见到苦谛时也能见到其余诸谛，这要行者能够总观诸谛后才可如此见谛；随眠不是心，也不是心所，也没有所缘，与缠缚不同；随眠的自性与心不相适应，缠缚的自性与心相适应；众生不断除欲望、贪爱和嗔恚；各种外道不能得五种神通；也没有在天界中保持清净梵行的；一定没有中有；阿罗汉不增长福业；五识有染污，也离却染污；六识都与寻、伺相适应；也有齐首补特伽罗；有世间的正见，没有世间的信根；没有出世间的静虑，也没有无烦恼的寻思；善业不是有果的原因；得预流果的可能退转，诸阿罗汉一定没有退转；八圣道支都为四念住所统摄；无为法有九种：一、由智慧拣择而得的寂灭，二、不由智慧拣择而得的自然寂灭，三、虚空，四、不动，五、善法的如实常住，六、不善法的如实常住，七、不善不恶的无记法的真实常住，八、圣道本身的如实常住，九、缘起本身的如实常住；入母胎是生命的初始，寿命终是生命的最后；肉身的四大可以流转变化，心法和心所法也可流转变化；僧团中就有佛的存在，所以布施僧人的就获大果报，不用特别去布施佛；佛与声闻、独觉二乘是同一圣道，同一的解脱；认为一切"行"都是刹那生灭；一定没什么东西能从前世流转到后世。这些是他们共同赞成的教义。

原典

其末宗异义者：谓说实有过去、未来，亦有中有。一切法处皆是所知，亦是所识。业实是思，无身语业[①]；寻伺相应，大地劫[②]住。于窣堵波兴供养业，所获果少，随眠自性恒居现在，诸蕴处界亦恒现在。此部末宗，因释一颂执义有异，如彼颂言：

五法定能缚，诸苦从此生，
谓无明贪爱，五见及诸业。③

注释

①**业实是思，无身语业**：身、口、意的作为，能招来相应的善、恶或无记的果报，称为业。一般认为有身业、口业（即语业）和意业三种，但此部认为一切业都由意识的作用而起，所以业只是思维的，没有身业和语业。

②**劫**：梵文劫簸的略称，义为分别时节，一劫意味着世间经历了成、住、坏、空等阶段。

③**五法……诸业**：此颂意为：众生受种种痛苦逼迫，是由于有五法系缚着他。这五法是：一、无明，二、欲贪，三、色、无色爱，四、身见、边见、邪见、见取、戒禁取的五见，五、身、语、意所造的诸业。这是对五法的一种理解，还有的认为：无明就是十二因缘中的无明支，贪爱即其中的爱支，五见即其中的取支，业即其中的行支和有支。这两种说法的差异，就形成此部的末宗异义。

译文

（化地部末宗异义）

化地部各派中不共同赞成的教义是：认为有实在的过去、未来，也有中有。一切法界蕴处都可用世俗智来了知，也可用有漏的情识来认识。业力实际上是思的心所，没有身体和语言的业力；心思的寻与伺相应，大地留住于三劫间（按：成、住、坏、空的前三劫）而不灭。在高胜处供养佛舍利等事，所获得的果报很少，随眠的自性是总处于现在，各蕴处界也总处于现在。这一部的各派中，因为解释一个颂子又有不同的意见，这颂子是：

> 五法定能缚，诸苦从此生，
> 谓无明贪爱，五见及诸业。

原典

其法藏部本宗同义：谓佛虽在僧中所摄，然别施佛果大非僧；于窣堵波兴供养业，获广大果；佛与二乘解脱虽一而圣道异；无诸外道能得五通；阿罗汉身皆是无漏[①]。余义多同大众部执。

①**无漏**：漏是烦恼的异名，无漏即断尽烦恼，不堕生死。

译文

（法藏部的宗义）

法藏部共同赞成的教义是：认为佛虽然包含在僧众中，可是另外专门布施佛的话，所得果比普遍的布施僧众要广大；在高胜处供养佛舍利，能得广大的果报；佛与独觉、声闻二乘的解脱虽一致，可是所用的方法不同；一切外道都不能得五种神通；阿罗汉的身体是没有烦恼的。其余的主张多与大众部相同。

原典

其饮光部本宗同义：谓若法已断已遍知则无，未断未遍知则有；若业果已熟则无，果未熟则有；有诸行以过去为因，无诸行以未来为因；一切行皆刹那灭；诸有学法①有异熟果。余义多同法藏部执。

①**有学法**：小乘四果中，前三果称为有学法，第四果称为无学法。

译文

（饮光部的宗义）

饮光部共同赞成的教义是：认为扰乱身心的烦恼，在未以圣道把它断除前，就存在着，已以圣道把它断除了，就不存在了；未感报果的业力，虽灭入过去犹有其体的存在，但已感报果的业力，灭入过去就无其体存在了；一切行都以过去为原因，而不以未来为原因；一切"行"都是刹那生灭；一切有学法都有无漏的异熟果。其余的主张多与法藏部相同。

原典

其经量部本宗同义：谓说诸蕴有从前世转至后世，立说转名。非离圣道有蕴永灭；有根边蕴，有一味蕴①；异生位中亦有圣法；执有胜义补特伽罗②。余所执多同说一切有部。

①**有根边蕴，有一味蕴：**此部主张在诸蕴中，有一味相续而流转的微细意识。植根于此一味蕴中的侧边五蕴，即通常的色、受、想、行、识五蕴，则是根边蕴。

②**胜义补特伽罗：**胜义，即真实。胜义补特伽罗是诸法真实自体的实法我，它微细难知，难可施设。

译文

（经量部的宗义）

经量部共同赞成的教义是：认为一切蕴能从前世流转到后世，所以此部也叫说转部。离开了无漏圣道，就永远无法断灭诸蕴；有非根本的根边蕴，也有根本的一味蕴；众生的品位中也有圣法；还认为有真实胜妙的补特伽罗。其余的看法多与说一切有部相同。

源流

《异部宗轮论》是作者世友从说一切有部的立场出发，对部派分裂情况的记载和评论，这在有部来说，是独一无二的首创之举，因此，此书严格说来无源可寻。

　　可是，如果非要寻一源头的话，那么有部的重要论典《大毗婆沙论》则勉强可以说是它的源。因为世友作为《婆沙》的四大评论家之一，对此论必定是非常熟悉的。他的思想乃至术语，多来自《婆沙》。《异部宗轮论述记》作者窥基注意了此点，他在《述记》中多处征引《婆沙》中的说法，以资佐证。如释"教"之义时，引《婆沙》第一百二十六卷："教体即声，三无数劫所求起故，是业性故，圣教言显非外道教。"讲到"性地法"，即世第一法时，引《婆沙》第三卷："此说从发心乃至第一法，皆说有退。"事实上，我们随处都可以看到《婆沙》

思想对《异部宗轮论》的影响。

《大毗婆沙论》是佛灭后四百年初,有部五百罗汉应犍陀罗国迦腻色迦王之请,共释《发智论》(又名《身论》)而成的。该论共二十卷,内容分杂蕴、结蕴、智蕴、业蕴、大种蕴、根蕴、定蕴、见蕴八部分,在各个方面都贯彻了"一切皆有"的宗旨。它为我们研究一切有部的思想提供了极丰富的材料。

世友的思想虽说源自《大毗婆沙论》,可是他的有些思想并不限于有部,而和经量部颇为接近。因此,我们不能断定《婆沙》就是世友思想的唯一源头。但这些其他的源头是什么?怎么影响世友?却不是十分明了。这或许是因为其他部派并没有像有部那样保存了完整的经典。

述完源,就该论流。可是《异部宗轮论》有个不同于其他著述的特点,这就是它不但有流,更有支流。所谓支流,是指与《异》并行流传的关于部派分裂的资料。《异》是有部的论著,属北传一系。北传系中还有大众部和经量部的说法。与之相对的南传一系,则是上座雪山部的说法。这些分派资料分别是:

北传:

(1)《十八部论》一卷,后秦·罗什译(一说失译)。(大正四十九·页十七)

（2）《部执异论》一卷，陈·真谛译。（同上·页二十）

（3）《异部宗轮论》一卷，唐·玄奘译。（同上·页十五）有藏译。

（4）《文殊师利问经》二卷，南朝梁·僧伽婆罗译。（大正十四·页四九二）

（5）《舍利弗问经》一卷，东晋·失译。（大正二十四·页八九九）

（6）《出三藏记集》十五卷，梁·僧祐撰。（大正五十五·页一）

（7）《三论玄义》一卷，隋·吉藏撰。（大正四十五·页一）

（8）《异部略说》（Nikāyadabheda-vibhangavyāna），印度·律天撰，有藏译，有韩镜清先生未版汉译。

（9）《分部解说》（Nikāyabhedarśana-saṃ graha），印度·跋缚耶撰，有藏译，有韩镜清先生未版汉译。

（10）《佛国记》一卷，法显撰。（大正五十一·页八五七）

（11）《大唐西域记》十二卷，玄奘撰。（大正五十一·页八六七）

（12）《大慈恩寺三藏法师传》十卷，慧立撰。（大正五十·页二二〇）

（13）《南海寄归内法传》四卷，义净撰。（大正五十四·页二〇四）

南传：

（1）《岛史》。

（2）《大史》。

（3）《论事注》。

（4）《教史》。

以上诸本均无汉译。

在北传资料中，《十八部论》《部执异论》和《异部宗轮论》实本一源，只是译本不同而已，因此三者关于部派分裂的次序、时间与名称大体一致，列表示之：

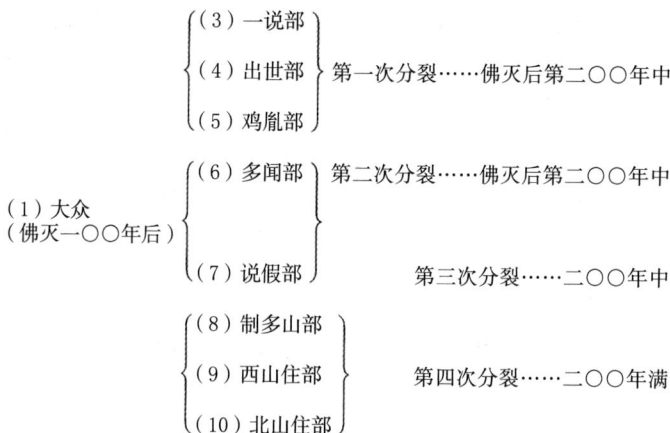

```
                      ⎧ （3）一说部 ⎫
                      ⎪ （4）出世部 ⎬ 第一次分裂……佛灭后第二〇〇年中
                      ⎩ （5）鸡胤部 ⎭

                      ⎧ （6）多闻部   第二次分裂……佛灭后第二〇〇年中
  （1）大众            ⎨
  （佛灭一〇〇年后）    ⎩ （7）说假部        第三次分裂……二〇〇年中

                      ⎧ （8）制多山部
                      ⎨ （9）西山住部     第四次分裂……二〇〇年满
                      ⎩ （10）北山住部
```

```
                                        ┌（13）法上部┐
                            ┌（12）犊     │          │
                            │子部（三    │（14）贤胄部│ 第三次分
                            │〇〇年中    │          │ 裂……三
                            │第二次分    │（15）正量部│ 〇〇年中
                            │裂）        │          │
              ┌（11）说一切 │            └（16）密林山部┘
              │有部（又名说│
              │因部，三〇〇│（17）化地部——第四次分裂…佛灭
              │年初第一次分│ 第三〇〇年
              │裂）        │
（2）上座    │            │（18）法藏部——第五次分裂………
（佛灭一〇〇 │            │ 第三〇〇年
年后）      │            │
              │            │（19）饮光部（又名善岁）——第六
              │            │ 次分裂……三〇〇年末
              │            │
              │            └（20）经量部（又名说转）——第七
              │              次分裂……四〇〇年初
              │
              └（雪山部＝本上座部）
```

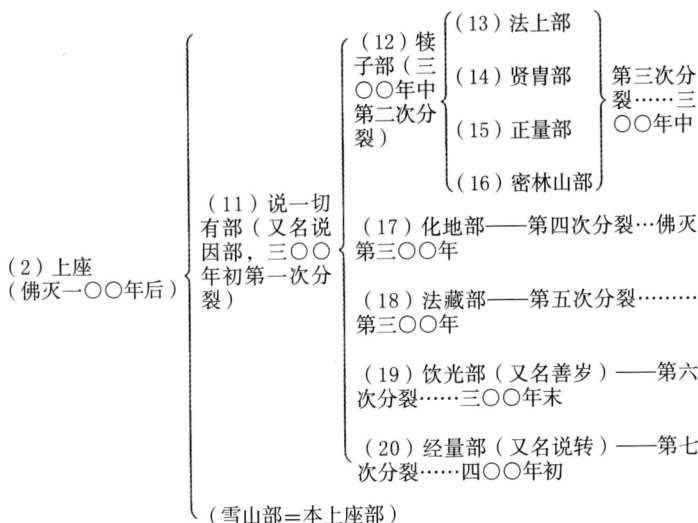

　　《文殊师利问经》是以大乘般若思想分析诸部分裂，认为"根本二部从大乘出，从般若波罗蜜出；声闻、缘觉、诸佛悉从般若波罗蜜出"。此经关于部派分裂的时间、次序无大异，可是部派名称却稍有不同。如它称一说部为执一语言部，称化地部为大不可弃部。窥基在《述记》中逐一非之（按：卍续五十三·页五五七上）。《文》中未列说假部，基师也明确指出。

　　至于藏传《分部解说》，其所列部派与《异部宗轮论》无大异，只是无鸡胤部和正量部。《异部略说》则大异，它侧重根本上座部（即雪山部）的分部情况，疑属南传一系。分部如下：东、西、雪山住部，说出世部，

说假部，属大众部；根本说一切有部、饮光部、化地部、法护部、多闻部、红衣徒部以及分别说部，属说一切有部；胜林部、无畏山部、大寺住部，属上座部；白莲山、护卫和居住子部，属遍敬部。

南传依《岛史》和《大史》，分部次序及名称，列表如下：

（1）大众部
- （3）鸡胤部（牛家部）
- （4）一说部
- （5）制多山部
- （6）多闻部
- （7）说假部

（2）上座部
- （8）化地部
  - （14）说一切有部
    - （16）饮光部
    - （17）说转部
    - （18）经部
  - （15）法藏部
- （9）犊子部
  - （10）法上部
  - （11）贤胄部
  - （12）密林山部（六城部、善岁部）
  - （13）正量部

就以上诸多资料来看，部派分裂情况异常复杂，不同部派从自己的立场出发，都有很不相同的说法。这对于研究部派思想是有利的，可是同时又增大了其难度。只有细加参校，我们才能正本清源，还其本来面目。

《异部宗轮论》先是通过翻译传入中国，共计有三种译本，即《十八部论》《部执异论》和《异部宗轮论》。前两译早出，文理皆不如后者明晰，但也不可因此而尽废前两译。关于三译本的比较，参校《附录·异部宗轮论汇校》。

翻译之后，再进一步的工作就是疏释，以解释发挥，使人更容易理解。这类作品，主要有陈·真谛《部执异论疏》和唐·窥基《异部宗轮论述记》。其中《部执异论疏》现已散佚，要全面评价它的思想价值，已经不可能了。现在，只能根据散见在《唯识义灯增明记》（大正六十五·页三二七）、《成唯识论同学钞》（大正六十六·页一）等中的片段，来了解这部著作了。总地来说，由于真谛（公元四九九—五六九年）的出生地西北印优禅尼国，距当时正量部的根据地伐腊毗很近，他初期的承学与正量部有关，因此，他的《部执异论》及《疏》中，有正量部见解的混入。如述及可住子部（即犊子部，正量部从此派生）根本教义处，就有不见于其他汉、藏译本的"三种假""一切众生有二种失"等十余执义。正量部的影响构成了真谛《疏》的特色。

窥基的《异部宗轮论述记》则不但保存完好，而且版本较多，流传较广。由于《述记》的帮助，我们对《异部宗轮论》简洁的言辞才有较细致的理解把握。由于它的重要地位，我们将它全文收入作为《附录》。

据《述记》交代，窥基参与玄奘等人的翻译工作。玄奘随翻随释，窥基笔录笔受，编成《述记》，细致地解释了《异部宗轮论》中出现的字词、术语和历史背景、思想背景。其中与旧说有异的，更为详尽；与旧说相同的，则讲个大概。其篇幅多出原论好几倍。

《述记》对涉及到的史实的介绍，都力求详尽，如无忧王谋位，大天的履历，根本二部分裂时的情况等等，读来信实可据。对涉及的许多语句，则多引用印度本土的民间传说加以说明，如俱苏摩补罗城的传说，鸡胤、犊子、饮光的传说，诸天有梵行的传说，读来趣味横生。

《述记》对各宗派的主张，在义理方面广陈博引，曲尽其旨。通过这细致的解释，我们可以看到部派纷争时期极其活跃的思想观点，也可看到许多后来大乘思想的雏形，体会佛陀古今一贯的教诲。虽然是一贯，但说法上古今毕竟有所差别，以今解古固然在所难免，可这也确是释经解经的最大问题所在，窥基的《述记》同样有这个问题。

窥基师承玄奘，弘宣唯识，自然对部派时期唯识思想的萌芽倍加注意，大加发挥。其中最明显的是述及经量部主张"有根边蕴，有一味蕴"时，窥基就把一味蕴解释为"细意识曾不间断"，把根边蕴解释为"住于细意识而起的诸蕴"。一味蕴就义理上来说，确实是《唯识论》第八识的雏形，它与根边蕴的关系也类似于种子与现形的关系，但直接以"细意识"释一味蕴却不可以，因为识与蕴毕竟是有差距的，一属心法，一属色法，两者不可混同。对于此点，印顺法师和演培法师等都注意到了，并且有类似的见解。但虽然如此，《述记》的重要作用还是不容低估的。

《述记》流传再远，便有对它的解释，这主要有日本丰山荣天的《异部宗轮论述记目论》五卷、智山海应的《异部宗轮论述记私记》三卷、丰山悟心的《异部宗轮论述记别录》二卷和宪荣的《异部宗轮论述记发轫》三卷。其中《目论》和《发轫》尤为著名。惜无缘得睹，未详其趣。

总之，《异部宗轮论》从源至流，经印度、中国、日本三国，涉及诸多重大问题。它的思想在这流变过程中，也逐渐有所变化，以适应不同的文化环境。但总地来说，它作为一部纪传类作品，仍然很真实地反映了部派分裂时的历史情况和思想状况，刻画了佛教的一次大分裂——也是一次大发展。

部派佛教的佛陀观与佛陀的再人格化

佛陀释迦牟尼，是佛教的创立者，也是这一宗教的根本和中心。要正确理解佛教，就要认识佛陀的本来面目；要振兴佛法，也要检讨以往的佛陀观。

佛陀本是释迦族的一位王子，出家修道，证得菩提，名之为佛。"佛陀"就是觉悟之义。这些都是有据可查的历史事实，毋庸置疑。"佛陀观"的问题根本不是对佛陀的历史真实性进行考究，因为这些都是确实无谬的。不仅如此，佛在世时饮食起居、教化说法，有众弟子亲闻亲见，大家面对佛陀，对于佛陀没有不同的看法。

可是，佛陀入灭后，时日愈久，佛教徒不能再见他的颜面，就生起更深的怀念。在这种感情下，对佛陀开始有了不同的看法：有的认为佛是世间众生的一员，是我们的良好典范，于此愈见其亲切；有的认为佛是超世间的大智觉者，威力无边，于此愈显其崇高。

这去佛渐久、生起纷争的时代，正是部派佛教时期。因为原始佛教时期，佛陀住世，勤行教化，众生皈依佛陀圣德，信心坚固。而在佛灭百余年后，众佛弟子不能只凭己力慑服众生，以致教规松弛，无缘领纳众生。此时，他们一方面感于己力微弱，而深念佛陀；另一方面为使佛教昌盛，去树立佛陀的威德，以利教化。这样，就生出了关于佛陀的各种意见争执，佛陀观的问题正式提了出来。

佛陀观的问题，就是佛之所以为佛的问题。其中前一个"佛"是指佛祖释迦牟尼这个人，后一个"佛"则是极庄严、极神圣的尊号，我们把自己对佛陀的一切认识和情感赋予它。这一看似简单的问题，其实很难回答。

有人认为佛之所以为佛，是由于他种姓高贵。因为在印度，佛陀所属的刹帝利种姓是高贵的。有人认为佛之所以为佛，是由于他相貌庄严。据载，佛陀出世，有三十二相，八十种好，他的相貌确实是不同寻常的。还有人认为，佛之所以为佛，是由于他离弃世间出家修道。

这些答案都未能切中问题的要害，因为出身刹帝利不只佛陀一人，相貌庄严的也不少，出家修道在当时印度更是一种风尚，怎么能由这些就够得上"佛"呢？如果这样，岂不到处是佛？

那么怎样才能称为佛呢？释迦之所以为佛，在他于菩提树下，经过长时间的定慧实践，觉悟到万法的因缘生起和毕竟寂灭，于是就成佛了。这时，他有了彻底的觉悟，也就有了极高的智慧，因为他顿见了宇宙人生的真谛。这智慧不是普通的世俗智，而是证佛果后才得的大智慧。同时，佛观众生在生死流转、无常生灭中无法解脱，就生起悲悯之心，度脱众生。智慧与慈悲，是佛陀超乎人格，不同于一般人的地方。

佛虽然智极悲深，可他还是个人，没有变成神怪。所以佛陀在世，一切日常生活，都与常人无异。每天出外乞食，起居亦有定时，有时还有些病痛，等等。可是，人究竟是人，佛究竟是佛。佛在作为普通人生活的同时，又表现了超凡出世的品格。因此，这时就要从两个角度来理解佛，即生身和法身。

生身，或言化身，指佛陀的父母所生肉身；法身，则以他所证得的实相真如的理体为身。生身、法身不即不离，一而二，二而一。如果没有父母所生身，就无从体悟证得法身；可是如果偏以相貌身世论定佛，又很肤浅。必须在实相真如的法身上方见佛之所以为佛。

同时，佛陀为度脱众生，说法讲道，教化不已。各方众生随缘各得信解，对佛陀及其宗教各有受用和领纳，被佛陀所教化。进行教化的佛陀随顺众生的机性而显现之身，就是其报身。法、报、化三身是佛陀的三个侧面，它们相互补充，缺一不可。理解佛之所以为佛以及部派佛教的佛陀观，必须从这三个方面着眼，才能有全面、实在的理解。

但在部派佛教时期，佛的三身说尚未成熟，各家各派都偏取某个侧面来认识佛陀；结果争辩纷起，莫衷一是。总地来说，他们是在下列三个方面争执的：佛身的有漏无漏、寿短形长，佛语的了义不了义，佛意的遍知不遍知。身、语、意三方面正构成了全面的佛陀观。

佛身有漏无漏辩

就佛陀的身体方面考察，有的认为佛身是崇高伟大的，不是我们人可以想象的；有的认为佛身并不离人类本性，离人类本性的佛身是不可想象的。前一种主张以大众系为代表，后一种则以说一切有和犊子系为代表。

大众部学者主张，如来的色身，与世间一般人的五尺血肉之躯极不相同。因为凡夫肉身，无论多高，是可以用数量计量的。而佛陀的色身，高大无比，超越空间，不能以世间的尺度来衡量，这就是："如来色身实无边际。"（大正四十九·页十五中）而有部系学者则绝对不同意这种看法，他们认为佛身的高度，无论多么高大，也不可能达到无边无际不可限量的程度。这一争执，主要在于世间性与非世间性间的争执。

其次，就佛陀的寿命说。在普通人看来，佛陀八十岁便入涅槃，寿命也就穷尽了。但在大众部看来，如来的寿命，如其色身一样无边无际，不可以区区八十岁限量。说一切有部则不承认此说。因为即使如经所说，佛陀在入灭时，有三月留寿、二十年舍寿的自由，但充其量亦不过如是而已，绝对不能说无边无际，无有限量。

当然，大众部也不否认佛陀八十岁示寂这一事实。但他们认为入灭的是佛陀的化身。化身出现世间，是为度化众生，一旦化缘已尽，自然灭去。可是它在这个世界灭了，又在另一个世界现起，如是生灭无尽。而在此过程中，以无量功德智慧成就的佛的真常法身，则是无穷无尽，超越时间，永不灭去的。

佛身既是崇高伟大，佛寿又是无边无际，佛所发出的威力，自然也是不可思议的，此即如大众部所言："如来威力亦无边际。"（大正四十九·页十五中、下）如来具有不可思议的威德神通力，为各派所认同。但对于其威力的限度，则又有争论。大众部认为：如来运用其威力时，不须加以作意，任运自然，于一刹那之中，就能遍至十方无量无边世界；有部认为：如来威力可以发挥至无量无边世界，并不是不可能的事，但要经过作意思索方可。假定不加作意，如来的威德之力，最多只能及于三千大千世界。

佛陀的色身、寿命、威力，都无边无际，从而佛身自然是清净无漏的。所以大众部说："一切如来无有漏法。"（大正四十九·页十五中）有部则认为佛陀生身毕竟属世间，无论如何不能说是无漏的。纵然他自己不起烦恼，但仍不免诱生他人的烦恼，如经中记载，无比女人对佛生身起爱，指鬘对佛生身起嗔，这就是明证。

总之，佛身有漏无漏的争论，主要在于各派于佛的化身、报身与法身之间各执一面，未及全面。事实上，他们的见解各有道理，不可执此废彼。

佛语了不了义辩

佛陀之所以被称作佛，有个很重要的原因，就是他现身此世间，以度脱众生。如果他不度众生，那就不能称为佛，只是缘觉了。而所谓度化众生，不是别的，就是把诸法的真理和实相，为众生宣说出来，使众生依此而得解脱。可是佛陀的说法，究竟指什么而言？佛所说的一切，是否已达其本意？部派学者对这些问题都颇有争议。

佛的说法，被他们分作了义和不了义两大类。说法明白、清楚，没有一点含糊，就是了义言教；所说的法含糊不清，可作种种不同理解，就是不了义言教。一个道理显示得彻底究竟，再没有保留了，是了义；所显的道理并未究竟，还有再发挥的余地，是不了义。

大众部本着一贯的思想，认为佛所说法，没有不了义的。如来与普通人不同，他要么就不开口，一旦开口言说，语语皆为利益众生，句句都是契合真理。所以他们说："世尊所说无不如义。"（大正四十九·页十五中）可是在有部看来，佛陀也有不了义之说，因为其中所显的义理不怎么完全。而且了义、不了义的分别，就是佛陀自己所说的。说他出语无不了义，不就有违如来圣教吗？

随之而来的问题，是如来说法，一切言说都是说法呢，抑或使众生转迷开悟的言教才是说法？是"诸如来语皆转法轮"（大正四十九·页十五中）呢，抑或"非如来语皆为转法轮"（大正四十九·页十六下）呢？大众部学者大体都主张，如来所有的语言都可以是转法轮的。依他们的意见，说法主要在于语言，只要这语言是从佛的口中讲出来的，不管有关说法，无关说法，都得承认这是在转法轮。如窥基在《述记》中所举例证：佛有时问阿难："现在是不是下雨？"（卍续五十三·页五七八中）这本是极平常的问话，在一般人看来，当然是无关于说法的。可是阿难听了，却欢喜地精进修道了。能说这不是佛陀的转法轮吗？总之，大众部学者深入透视了如来的语言，认为佛陀的话语，即使是日常的，也是出世间的，能够摧毁众生的惑障。

与之相反，有部学者不承认"如来语皆转法轮"的说法，因为所谓转法轮，不仅表现在语言上，更要表现在内在的圣道上，如天下不下雨之类的问话不能算是转法轮。

此外，多闻部的学者还有不同意见：以声为教体的佛陀言音，并不是都显示佛的说法。可称为他的说法的，只有无常、苦、空、无我、涅槃寂静五音。

佛语了义不了义的争辩，同样涉及世间、出世间的根本问题。事实上，佛陀既出世，又入世，两相并无悖谬。因此而辩，反成谬误。

佛意遍不遍知辩

佛陀的高尚伟大，除了身语方面的原因外，主要还在于心意的清净，精神力的广大无边。这是由于佛陀不仅断了烦恼，而且断了习气。对这些，各学派都是承认的。可是在许多细节上，各派间又有执异。大众系学者想把佛陀的精神力发挥到最高程度，上座系学者则认为它毕竟是有限的。

心意的功能在于认识诸法，无论凡圣，皆是如此。在大众部看来，佛是无所不知、无所不了的。而且对诸法的了知，并不需要经过前念后念，只要在同一刹那当中，就可遍知一切法了，所以《异部宗轮论》说："一刹那心了一切法，一刹那心相应般若知一切法。"（大正四十九·页十五下）他不仅是了知了无量无边的外境，而且于一刹那中，也了知了心的作用和自体。

上座部学者不同意这种说法，他们承认佛陀的认识作用有超过凡夫之处，在一刹那间能遍知所有外境及诸法共相。但要说在同一刹那中，佛陀也能了知内境的心、心所及其共俱之法，这些只能在继起的念中了知。所以，他们的结论是，佛虽了知诸法，但于一刹那中，不能遍知诸法。

与此相关的问题，就是佛对他人的答问，需不需要加以思维。大众部本着其遍知的观点，认为佛对任何问题的解答，都可任运自然地脱口而出，不需思索。其他学派则不然，认为佛必须经过一番审慎的思维，才能给予人们满意的解答。与此相关，还有关于佛陀有没有不分善恶的无记心，有没有睡梦等问题的争论。

总之，在部派佛教时期，对佛陀的各种相状，都有较细致深入的讨论和争辩。在这过程中，逐步形成了以大众部为代表的一派和以说一切有部为代表的一派。前者主张出世间的佛陀观，后者主张世间的佛陀观；前者强调佛陀的超人格化、神化色彩，后者则强调佛陀的人格化、世间性特征；前者的观点影响了后来的大乘佛教，后者的观点则影响了整个南传佛教。

那么，佛陀究竟应该是超人格化、神化呢，或是应该是人格化呢？我们该怎样理解部派佛教的诸争端？事实上，以我们开头所言的佛陀三身之说观之，则神化或人格化都非世间众生所为，而是佛的真实法身，随顺各种机缘而呈现的不同相状。这各各不同、应时而化的，正是佛陀的化身。不明白佛陀三身的道理，为佛陀的应当如何，不应当如何而争论不休，是不应该的。佛身随缘而化、应机说法，本是很正常的。无论神化、人格化，只要说到教化众生、摄群利善的功效，就是真常法身的体现。

在现时代，人文精神空前浮漫，科学技术日渐昌明，我们究竟应该注意弘扬佛法的哪些方面？重视佛陀的哪个侧面？是神化的一面，还是人格化的一面？

原始佛教时期，佛陀住世，现身说法，以其伟大的人格力量，感染、化度了无量众生。这时，人们注意的是他的人格化方面。佛灭百年后的部派佛教时代以及后来的大乘佛教时代，却重视佛陀的神化一面，这是由于圣贤日渐寡少，必须树立佛陀的无上权威，以增强信众的凝聚力。这在佛教发展史上，起了很大的作用。

　　现在，佛教已走向世界，与各种不同的文化传统融合，表现了各种形态。在现代社会，佛教主要有世间性、结缘性等特征。一贯主张出离世间的佛教成为了人间佛教，即入世而出世。相对地，佛陀的形象也具有了更多的人格色彩，成为人类智慧和德性的最高体现。当然，他也有神通异能，可是他并不是什么主宰人间祸福的神灵。我们众生都可以像他那样觉悟成佛，因此，佛教具有广泛的群众基础和极大的可行性。

　　就世间的情形来说，一方面是人文主义的深入人心，人们深刻认识到自身具有极大的征服自然和改造自然的能力，对自己的潜在能力有了更大的信心。另一方面是科学技术的极大发展，过去许多认识上的迷误得到纠正，人们更多注意的是超自然的道德力量，而不是自然界的许多因果现象。在这种情况下，提倡人间佛教，重视佛陀的人格色彩就成为理所当然，势之必然。因此，就要针对部派佛教和大乘佛教对佛陀的神圣化，进行佛陀的再人格化工作。

这一工作意义极大，对于佛教继承和发展都很重要。而且，有许多仁人志士已投入到这项工作中，近年来如星云大师以推动"人间佛教"为主旨，开创了蓬勃的佛教事业；赵朴初居士也在二十世纪五十年代组建中国佛教协会时，就把"提倡人间佛教"列为该会的主要宗旨之一。几十年来，他们为这一事业做了许多工作。今天，面临人类生存生活中的诸多问题，如环境问题、能源问题、人口问题等，我们必须以现实的态度，运用佛教的大智慧，以达成全人类的大解脱！

部派佛教的补特伽罗观
与无我轮回说的再检讨

我们知道，"无我"说是原始佛教的重要学说之一，"诸法无我"被作为"三法印"之一来标识佛教的基本特征。可是由于原始佛教不重视理论说明，对"无我"说的真实含义未做详尽的阐述，由此导致了在对"无我"说的各种理解上的争执。另外，由于人所共知的"无我"说与"轮回"说间的矛盾，即主张无我，则轮回说起不到作用；主张三世轮回，则"无我"说得不到贯彻，这使得"无我"说更面临许多困难。现在结合《异部宗轮论述记》中有关补特伽罗的说法，来探讨这一问题。

《异部宗轮论》及《述记》在谈到犊子部及其支派时，涉及部派佛教在补特伽罗这一问题上的争执。世友的原文为："其犊子部本宗同义，谓补特伽罗非即蕴离蕴。"（大正四十九·页十六下）窥基解释说："其犊子部谓补特伽罗非即蕴离蕴，谓实有我，非有为无为，然与蕴不即不离。佛说无我，但无即蕴离蕴，如外道等所计之我，悉皆是无，非无不可说。非即蕴离蕴我，既不可说，亦不可言形量大小等，乃至成佛，此我常在。"（卍续五十三·页五八六中、下）

　　这是说犊子部主张既不就是蕴又不脱离蕴的补特伽罗。这样的补特伽罗，也就是实有的"我"；这样的"我"，既不是有为的，也不是无为的。有为是世间法，无为是出世法，两者皆非，则已超绝世出世间。在上面的解释中，窥基实现了三个阶段：由补特伽罗到我，由非即蕴离蕴补特伽罗到实有我，由实有我到非有为无为我。接着，窥基说佛陀主张的无我说，只是把外道所说的，或认为就是蕴的（顺世论主张的）"我"，或认为是脱离蕴而存在的（奥义书、耆那教、生活派主张的）"我""无"掉，而不是把上面说的非即蕴离蕴、非有为无为的不可说的"我"给"无"掉。这里窥基的解释实现了第四个阶段，由非即蕴离蕴到不可说。最后窥基说这非即蕴离蕴的"我"，既然不可说，也就不可说它的形状、数量等等，它是恒常存在的，直到成佛之时也是如此。这里窥基实现了第五个阶段，由不可说到常在。以上一段，不管其内在逻辑是否得当，窥基试图阐明犊子部所主张的"非即蕴离蕴补特伽罗"的下列五重意义：1. 是我，2. 是实有我，3. 非有为无为，4. 不可说，5. 常在。

世友接着说："依蕴处界假施设名。"（大正四十九·页十六下）窥基解释说："依蕴处界假施设名者，谓我非即蕴离蕴，处界亦尔。然世谌言色是我，乃至法亦是我，但依蕴等假施设此我名，我实非蕴等。"（卍续五十三·页五八六下）这是说非即蕴离蕴的补特伽罗，依据蕴处界等假立"我"这一名称。因此，世俗所说的"言语、色碍、法体是我"的说法，也只是依据蕴来假立"我"这一名称，而实际上，"我"并非蕴等等的东西。窥基的解释在这里实现了很彻底的一步跃进，即由非即蕴离蕴我到假名我，这把上面一切所言、所名，统统归入假名，"我"在其中表现出来，却并不就是这些东西。

可是补特伽罗是什么？补特伽罗是梵文 Pudgala 的音译，窥基在此处没有详解其义，直接解释为"我"。据《佛学大辞典》释补特伽罗为"数取趣"，是数次取五趣而轮回的意思。《玄应音义》二十二曰："案梵本，补（Pu），此云数；特伽（dga），此云取；罗（la），此云趣。云数取趣，谓数数往来诸趣也。"趣"，或说五趣，或说六趣，指天、人、阿修罗、畜生、饿鬼、地狱等。

"数取趣"是说一次次地在诸趣中轮回受生，也就是轮回的主体。但以上并没有说明补特伽罗何以成为轮回的主体。

世友接着说："诸法若离补特伽罗，无从前世转至后世；依补特伽罗，可说有移转。"（大正四十九·页十六下）窥基解释说："诸法若离等者，此中意说法无移转，可说命根灭时，法亦随灭；然由我不灭故，能从前世至后世，法不离我，亦可说有移转。"（卍续五十三·页五八六下）这是说如果没有补特伽罗，就无法说明前世后世间的轮回转移，因为这时可以认为身体（命根）埋灭后，一切也就结束了。但如果有补特伽罗，由于补特伽罗作为"我"是不灭的，所以在从前世向后世的轮回转移中，一切都不离"我"，因此可以说有转移。这里窥基说明了由"我"不灭到能转移的阶段。这里的补特伽罗不灭与上文的实有我、常在我相关联，可见设补特伽罗全在于解决轮回的主体问题。《述记》在谈及经量部时，另有一处提及补特伽罗。世友说：经量部"执有胜义补特伽罗"（大正四十九·页十七中）。窥基解释说："执有胜义补特伽罗，但是微细，难可施设，即实我也。不同正量等非即蕴离蕴，蕴外调然有别体故也。"（卍

续五十三 · 页五九〇上）这是说经量部所主张的胜义补特伽罗是极微细的，很难将其施设于蕴处界上，它在蕴处界之外别有一和谐统一的整体，这是实有的"我"。因此这个补特伽罗不同于正量部及上面所谈的犊子部（正量部是犊子部的支派）的非即蕴离蕴补特伽罗。事实上，这个补特伽罗是后来大乘唯识宗阿赖耶识思想的原形。

为什么说补特伽罗是轮回的主体？由上我们看到补特伽罗的本义是"数取趣"，通常说它是轮回的主体，实际上是同义反复；那一次次执取趣而轮回的东西，不是轮回者，又是什么？但补特伽罗究竟有何特质，使其充任轮回的主体？这还要从轮回如何可能说起。

我们知道，在佛法看来，一切都是因缘假合，合则生，散则灭，如此合散、生灭不断，就形成轮回。当然在佛法教义中，这种循环观之上又加上善报恶惩的因果报应观。但一切若只是假名、暂住，纵有因果报应又如何能生效？因此，探究轮回主体的问题显得很迫切。对轮回主体问题的探究，又基于对轮回的阐明。轮回如何可能呢？它在于生灭、聚散的反复无尽；生灭之所以可能在于因缘暂聚终散；因缘的和合在于什么？在于和合。什么是和合？和合即是以行业造因招果。人的肉体是和合的结果，精神是和合的结果，社会是和合的结果，一切都是和合的结果。与和合相对的散灭，不是和合之外的什么东西，而只是时刻伴随和合出现的行业；任何对一些因缘的和合本身就是对另一些因缘的散灭，如我们行善业得善报，则散灭了恶业恶报，和合了善业善报。这样的和合在于什么？只在于和合！在它之后没有什么和合者（或散灭者），无论是宇宙的主宰，还是自身的主宰都不存在。

这和合在人之上就表现为执着、执取等。但要注意：假名和合的人确实是执着者，但这个执着者不比执着更高、更根本。相反，它是这和合的执着的派生物，它是被执着所执着者。执着一直被看成是沉迷和轮回的招致者，因此，佛法经藏千言万语和"离四句，绝百非"的努力全在于破此执着。执着破，则脱轮回、超涅槃。但执着作为轮回的承担者这一层意义，却不为人们注意。假缘和合的肉体、精神，乃至灵魂都不可以作为轮回的承担者，因为它们在其轮回中都是暂住即逝的。在轮回中不灭的只有轮回本身、和合本身和执着本身，它们就是真实恒常的行业。补特伽罗这个词正好表达了这一意味。

"数取趣"，其中心意义在于一个"取"，这"取"亦即执取、执着。由于"取"而入诸趣轮回，而数数"取"入诸趣本身又是轮回的承担者、轮回的主体。补特伽罗作为轮回的承担者，不能如旧的译法把它理解为人或众生。在轮回中的当然是人或众生，但并不是由于它们是人或众生就入轮回；相反，是由于它们入轮回才是人或众生。同样，它们之所以成为轮回中的人或众生，是由于它们的执取，这执取是它们的本质所在。新译"数取趣"正点出其中的执取之义。我们将会看到，下文把补特伽罗译释成"我"会更体现出这一层意思。

把轮回的承担者建立在执着或行业等行为上，而不建立在肉体或灵魂等实体上，是否也同样会失效？因为有些人认为肉体或灵魂是实在的，根本不管什么行业。这就要求对人的本质的正确理解。人的本质不在于肉体、灵魂等物质实体或精神实体，而在于其"行"（即佛法中"诸行无常"的"行"）。造因招果在此"行"，作业受报在此"行"，招致轮回承受轮回又在此"行"这活动上。非有为无为的（既不住因缘，又不住寂灭）、微妙不可说的、常在不灭的东西就是"行"，我们的本质正在于此，一切实体、名相都是它的假名。这样来理解，可以当下得妙道。（按："行"即有为之义，故系指无常之一切法。此处对"行"之解释，原是译者的发挥。）

现在涉及窥基提到的佛陀主张的"无我"说。这里我们已先入为主地采纳了惯常的译法，而现在正是要探讨这一译法的可靠与否，因此，下面提及"无我"时，悉用梵文 Anātman；提及"我"时，悉用梵文阿特曼

（Ātman）。an 作为前缀，兼有汉语中"非""无"之义。在汉语中"非"的否定程度略低于"无"，"非"是说"不是……"，如"不是阿特曼""不是张三"，它不否认阿特曼或张三的存在，只是说所指的不是它们；"无"则干脆不承认"阿特曼""张三"之类的存在。"非"与"无"之间的争论，在我们下面对阿特曼做出恰当的解释后，会显得无足轻重。

阿特曼（Ātman），原意为气息，在《奥义书》中，它被引申为个体灵魂，并最终被赋予本体论的意义。《奥义书》的各个不同派别对它的解释都不一样。早在梵书时代，已有"食味所成阿特曼（即肉体）""生气所成阿特曼（即呼吸）""现识所成阿特曼（相当于感觉、思维）"等三种不同的阿特曼。到了《奥义书》时代，又提出"认识所成阿特曼（即统觉，潜伏认识内部的神秘主体）"和"妙乐所成阿特曼"，这最后一种阿特曼总摄前四种阿特曼，上面的五种阿特曼构成所谓阿特曼的五藏说。其中妙乐阿特曼被认为是个纯粹的主体，没有任何规定性，清净无染，超言绝象，只能用遮诠法表示。它是真、知、乐三位一体，在本质上与世界本原梵是一致的。妙乐阿特曼受物质污染，由梵下降，渐次展开为其他四种阿特曼，在三界轮回不已，并创造世界万物，如果摆脱了物质的束缚，净化了污染，就可上升到大觉位，回归其如如不动的"梵我一如"境地，这就是最高的目的——解脱。总之，这个妙乐阿特曼既是个体灵魂，又是世界灵魂；既是个体的主宰者，又是世界的主宰者。

"主宰者"是什么意思？是一切行为的所从出者。但由上面对补特伽罗的分析，我们看到诸行无须一个执行者，无须一个实体作为活动的出发点和承担者；恰恰相反，一切实体的执行者、执着者都是行的结果、执着的结果、和合的结果，它们是因缘假合，毫无实性，怎么能不把它们"无"掉（或"非"掉）？因此，佛经中 Anātman 或 Anātmaka、Nirātman、Nirātmika，正是把上面所说的世界和个体的主宰者、执行者给"无"掉（或"非"掉）；Nairātmya、Nirātmabhāva 是指"无阿特曼性"，Nāstyātman 则明确指"不存在阿特曼"，Amama、Nirmama 是指"非阿特曼所""无阿特曼所"。例如，有一段经文说："诸比丘，此身非'我'，若此身是'我'，则人可自主，不应有病苦济；则人皆可说：我身可如是，我身可不如是。受等诸蕴，亦复如是。"①

这里为什么说"无"和"非"是一回事？这是因为作为主宰者、执行者的阿特曼并不是不存在，而是假缘和合罢了。我们人作为一个假缘和合者，在一定程度内确实有其主宰能力，因而在一定意义上是个主宰者，可作为主宰者并不是它最真实的身份，并没有达到其最大的自由。但在主宰者背后的主宰、执行、行却是其真实的身份，是其最大的自由。假如梵天和上帝存在的话，他们也只是在一定程度内的主宰者，仍要受制于和合行业（佛法中承认天神，却认为天神也有生死之苦，就是这个意思）。因此，把这些"者"化了的实体"无"掉以达及更高的、更根本的非"者"化状态，或把"者"化了的实体"非"掉，只认其假名和合，但达及更根本的非"者"化状态，是同样的态度，在佛法中，两者兼有。

　　佛陀否认或排斥了作为主宰者的阿特曼，但阿特曼是否只有"主宰者"一个意义？它有没有"主宰"之义？我们知道涅槃四德是"常乐我净"，其中的"我"不同于佛陀否定了的阿特曼，它有两方面的含义：1. 真实自主，如《涅槃经·哀叹品》中说："若法是实、是真、是主、是依，性不变易，是名为我。" 2. 自由自在，如《涅槃经·高贵德王品》中说："有大我故名大涅槃；大自在故名为大我，云何名为大自在耶？有八自在则名为我。"真实自主和自由自在两方面的意思都表达了主宰之义，因此这里的"我"是作为"主宰"的阿特曼。"主宰"本身是行、是活动，达及行的阿特曼不再是"主宰者"，而是"主宰"本身，它造就主宰者，形成因缘和合，转动因果，它是最大的最真实的自由。因此，这里的阿特曼不同于佛陀否定了的阿特曼，前者是活动的，是动词用法；后者是实体化的、"者"化的，是名词用法。事实上，我这里所言的阿特曼已与窥基所说的"非即蕴离蕴补特伽罗"相合。"非即蕴"就是说不是一切的蕴，不是假缘和合，不是实体，不是"者"化状态，不是名词化用法；"非离蕴"就是说不脱离一切蕴，在诸蕴之外没有主宰者，也没有纯粹的行，因为行总是有所行，有所立，有所和合，因而与诸蕴不离。"非即蕴离蕴补特伽罗"既是这样微妙难言，当然是不可说了，只有借假名施设而显现。

阿特曼与补特伽罗同样侧重行的方面，两者是否就没有不同，只是一个东西了？现在看来，补特伽罗主要是执取、执着之义，是受制于因缘条件的活动；阿特曼则主要是主宰、掌握之义，是制约因缘条件、转动因果的活动，因此可以说两者的区别在于前者是轮回中的情况，后者是涅槃中的情况，两者层次高低不同，但又一贯、统一。

经过以上对补特伽罗与阿特曼含义的讨论，我们可以把握佛教轮回说和无我说的要点。轮回或生死流转的根源和承担者在于执着，在于执着的我，在于补特伽罗，它是实有、常在、不灭的，它使得轮回无尽地继续下去。如果它断灭了，轮回也就停止，寂静涅槃就已经实现。到成佛入涅槃时还有"我"吗？窥基说："乃至成佛，此我常在。"但这里的"我"不可理解为执着之我，而应理解为主宰之我，它是能转因果的大威力我，是阿特曼，这也正是佛陀所言"天上天下，唯我独尊"中的"我"。这是佛教轮回说的要点。佛教的无我说，如上所言，应理解为"无我者说"，它纯粹是佛陀为破外道而立，其意义在于破除实体的、"者"化的我，回归超言绝象的、活动的妙我。一切言象中的"我"不通过"无"化，总保持其为"者"化状态；它一旦被"无"化，就顿入妙我之境，可脱出轮回直趋涅槃了。这是佛教无我说的要点。另外，"我者"与"我"的这种密切关系也是它们共用一个词阿特曼（Ātman）来表示的原因。

同时，我们也可弄清补特伽罗与阿特曼、轮回说与无我说间的真实关系。补特伽罗和阿特曼是在不同层次上的一贯者，它们同样是"我"，前者是执着的、轮回中的"人我"，后者是主宰的、涅槃中的"本我"。轮回说与无我说也是不同层次上的一贯者，轮回说是就轮回中的人而言，轮回的主体即轮回本身、执着本身。无我说一方面是针对外道所立的即蕴我、离蕴我、断我、常我而言，认为这些"我"只是"我者"，得"无"掉"非"掉；另一方面是就涅槃境界而言，这时的"无我"实即真实的本我、妙我，它能转因果，威力无比。这时，我们看到的轮回说与无我说非但不矛盾，相反还十分融洽一贯。

注释:

　　①转引自《印度佛教概述》(台湾大乘文化版,一九七九年),第三六四页。

附录

1 《异部宗轮论》汇校

校勘说明：

一、校分三步：（一）译校,（二）类校,（三）刻校。

二、译校用三个本子：（一）藏文本，法行等译《异部宗轮论》，校注略称藏本；（二）后秦·鸠摩罗什译《十八部论》，略称秦本；（三）陈·真谛译《部执异论》，略称陈本。三本对勘今译，文句歧异有资寻讨者，悉为注出曰：某本云云。

三、类校用巴利文本《说事论》，校注略称南传。部执对勘今译互有同异者，悉为注出曰：南传云云。所见原书章节，亦附备考。如注（二·一〇），即原书第二章第十节，余皆例知。

四、刻校用南宋刻为底本，对勘丽刻订正文字，附注曰：原刻云云，今依丽刻云云。

五、校勘资料出处如次：

（一）藏本《异部宗轮论》（Gshuṅ-lugs-kyi bye-brag Bkod-paḥi Ḥkhor-lo），康熙版《丹珠·经解部 u 字函》，一六八页至一七六页下。

（二）秦本《十八部论》。

（三）陈本《部执异论》。以上二种用日本弘教书院《缩刷正藏》本。

（四）南传《说事论》（Kathā-vatthu），A.C. Taylor 校刊本，一八九四——一八九七年，伦敦版。

（五）本书南宋刻丽刻。悉依日本弘教书院《缩刷正藏》本及《大正大藏经》的校注。

异部宗轮论

世友菩萨造　唐三藏法师玄奘奉诏译

佛般涅槃后，适满百余年（藏本云：圆满百年已）。圣教异部兴，便引不饶益。展转执异故，随有诸部起。依自阿笈摩，说彼执令厌（藏本令厌二字在颂首，意云：诸能生厌者，各依自执说。陈本大同）。

世友大菩萨（秦本缺此一颂。勘藏本彼时二字在颂首。意云：世友具慧，差别观察。故此数颂皆后人造），具大智觉慧。释种真苾刍，观彼时思择。等观诸世间，种种见漂转。分破牟尼语，彼彼宗当说。应审观佛教，圣谛说为依，如采沙中金，择取其真实。

如是传闻：佛薄伽梵般涅槃后百有余年（藏本云：已阅百年更经少时。秦、陈二本均云：百十六年），去圣时淹，如日久没，摩揭陀国俱苏摩城（藏本云：波吒厘子城，译为华氏城。秦、陈二本大同），王号无忧，统摄赡部，感一白盖，化洽人神。是时佛法大众初破，谓因四众共议大天五事不同，分为两部：一、大众部，二、上座部（勘藏本云：时有上座、龙象、东方、多闻等出，宣说五事，安立大众、上座二部。陈、秦二本大同，均无大天之说）。四众者何？一、龙象众，二、边鄙众，三、多闻众，四、大德众。其五事者，如彼颂言："余所诱无知（陈本云：余人染污衣），犹豫他令入（秦本云：由观察），道因声故起，是名真佛教。"

后即于此第二百年，大众部中流出三部：一、一说部，二、说出世部，三、鸡胤部（秦本云：窟居部，陈本云：灰山住部）。次后于此第二百年，大众部中复出一部，名多闻部（秦本缺此句，陈本此部云：得多闻部）。次后于此第二百年，大众部中更出一部，名说假部（陈本云：分别说部）。第二百年满时，有一出家外道，舍邪归正，亦（藏本无此亦字）名大天，于大众部中出家受具，多闻精进。居制多山，与彼部僧重详五事，因兹乖净分为三部（秦本缺此一语）：一、制多山（藏本无此山字，秦本同）部，二、西山住部（陈本缺此部），三、北山住部。如是大众部四破或五破，本末别说合成九部（勘藏本云：成此四种及五种，意谓合有九部，不言破也。秦本大同。陈本云：合有七部）：一、大众部，二、一说部，三、说出世部，四、鸡胤部，五、多闻部，六、说假部，七、制多山部，八、西山住部，九、北山住部。

其上座部经尔所时一味和合，三百年初，有少乖净，分为两部：一、说一切有部，亦名说因部；二、即本上座部，转名雪山部。后即于此第三百年中，从说一切有部流出一部名犊子部（藏本云：可住子部，陈本云：可住子弟子部）。次后于此第三百年，从犊子部流出四部：一、法上部，二、贤胄部，三、正量部，四、密林山部（以上二部，藏本云：一切所贵部、六城部；陈本云：正量弟子部、密林住部）。次后于此第三百年，从说一切有部复出一部名化地部（秦本云：正地部）。次后于此第三百年，从化地部流出一部名法藏部，自称我袭采萏氏师。至三百年末，从说一切有部复出一部名饮光部（陈本云：饮光弟子部），亦名善岁部。至第四百年初，从说一切有部复出一部名经量部，亦名说转部（藏本云：说经部，亦名法上部。秦本云：郁多罗部，义同。陈本云：说度部），自称我以庆喜为师。如是上座部七破或八破，本末别说成十一部（藏本无此语，秦、陈二本同。或字原刻作惑，今依丽刻改。秦本以上座与雪山分说，故此处云十二部）：一、说一切有部，二、雪山部，三、犊子部，四、法上部，五、贤胄部，六、正量部，七、密林山部，八、化地部，九、法藏部，十、饮光部，十一、经量部。

如是诸部本宗末宗同义异义（藏本云：根本宗义中间baf宗义，秦本同），我今当说。此中大众部、一说部、说出世部、鸡胤部本宗同义者，谓四部同说：诸佛世尊皆是出世〔藏本此句连下合为一义。南传案达罗四部同执佛语皆出世间（二·一〇）略与此同〕，一切如来无有漏法。诸如来语皆转法轮，佛以一音说一切法（藏本云：现说一切实事。秦本同），世尊所说无不如义（藏本云：如实说一切义，与上一切事相对。秦本同）。如来色身实无边际〔南传同（二一·六）〕，如来威力亦无边际（秦本云：光明无量），诸佛寿量亦无边际。佛化有情令生净信，无厌足心。佛无睡梦。如来答问不待思维。佛一切时不说名等，常在定故，然诸有情谓说名等欢喜踊跃。一刹那心了一切法，一刹那心相应般若知一切法。诸佛世尊尽智、无生智恒常随转，乃至般涅槃。

一切菩萨入母胎中，皆不执受羯剌蓝、颎部昙、闭尸、键南为自体。一切菩萨入母胎时，作白象形，一切菩萨出母胎时，皆从右胁生。一切菩萨不起欲想、恚想、害想。菩萨为欲饶益有情，愿生恶趣，随意能往。

以一刹那现观边智，遍知四谛诸相差别（南传此是东山部执）。眼等五识身有染有离染〔南传同（一○·四）〕。色、无色界具六识身〔南传此是案达罗四部与正量同执（八·七）〕。五种色根肉团为体，眼不见色，耳不闻声，鼻不嗅香，舌不尝味，身不觉触。在等引位有发语言，亦有调伏心〔南传同（一六·一，二）〕，亦有净作意。

所作已办，无容受法（藏本云：无有处所。秦陈二本同）。诸预流者心、心所法能了自性。有阿罗汉为余所诱，犹有无知，亦有犹豫，他令悟入，道因声起〔南传五事第一是东山、西山两部同执，余四是东山部异执（二·一——四,六）〕。苦能引道，苦言能助。慧为加行，能灭众苦，亦能引乐。苦亦是食（秦本缺以上四义，慧至乐一句，勘藏本意云：为断苦故，慧为加行，乐为资具。藏本缺"苦亦是食"一句），第八地中亦得久住，乃至性地法皆可说有退。预流者有退义，阿罗汉无退义〔秦本云：有退义。南传亦云有退（一·二）〕。无世间正见，无世间信根，无无记法。入正性离生时，可说断一切结（藏本云：不断。秦本同）；诸预流者造一切恶，唯除无间。

佛所说经皆是了义。无为法有九种：一、择灭，二、非择灭，三、虚空，四、空无边处，五、识无边处，六、无所有处，七、非想非非想处，八、缘起支性，九、圣道支性〔藏本此段在"心性本净"下出，文不全。"缘起支性"南传作缘起决定（一五·一），与此相似。又别说缘起支无为是化地、东山部同执（六·二）〕。心性本净，客尘烦恼之所杂染，说为不净。随眠非心非心所法，亦无所缘。随眠异缠，缠异随眠〔南传此是案达罗四部同执（一四·五）〕，应说随眠与心不相应，缠与心相应〔南传同（一一·一）〕。过去、未来非实有体。一切法处非所知、非所识，是所通达（藏本缺后四字）。都无中有（秦本缺此义）。诸预流者亦得静虑。如是等是本宗同义。

此四部末宗异义者：如如圣谛，诸相差别，如是如是，有别现观。有少法（陈本云：有苦次。下均同）是自所作，有少法是他所作，有少法是俱所作，有少法从众缘生。有于一时二心俱起。道与烦恼，各俱现前。业与异熟，有俱时转。种即是芽。色根大种有转变义，心、心所法无转变义。心遍于身，心随依境卷舒可得。诸如是等末宗所执，展转差别有无量门（藏本缺此句）。

其多闻部本宗同义：谓佛五音是出世教：一、无常，二、苦，三、空，四、无我，五、涅槃寂静，此五能引出离道故（藏本云：道是出离，与上文涅槃寂静并列。秦本同）。如来余音是世间教。有阿罗汉为余所诱，犹有无知，亦有犹豫，他令悟入，道因声起。余所执多同说一切有部。

其说假部本宗同义：谓苦非蕴（秦本云：诸阴非业）。十二处非真实。诸行相待，展转和合，假名为苦，无士夫用。无非时死，先业所得〔南传此二指罗汉说，是王山、义成二部同执（一七·二一三）〕。业增长为因，有异熟果转〔南传此是王山、义成与正量同执（七·五）〕。由福故得圣道，道不可修，道不可坏（陈本缺此义）。余义多同大众部执。

其制多山部、西山住部、北山住部，如是三部本宗同义：谓诸菩萨不脱恶趣。于窣堵波兴供养业，不得大果。有阿罗汉为余所诱，此等五事及余义门，所执多同大众部说（藏本缺此一段）。

其说一切有部本宗同义者：谓一切有部〔勘藏本此句云：一切是有，如应而有，别闻一义。与陈本附注合。又南传同（一·六）。今译部字衍文〕诸法有者皆二所摄（藏本云：诸有为法皆二所摄。陈本同）：一、名，二、色。过去、未来体亦实有〔南传同（一·七）。陈本此句下附注云：一、依正法，二、依二法，三、依有境界〕。一切法处皆是所知，亦是所识及所通达。生、老、住、无常相（原刻作想，今依丽刻改），心不相应，行蕴所摄。有为事有三种，无为事亦有三种。三有为相别有实体。三谛是有为，一谛是无为。

四圣谛渐现观。依空、无愿二三摩地，俱容得入正性离生。思维欲得入正性离生，若已得入正性离生，十五心顷说名行向，第十六心说名住果。世第一法一心三品（秦、陈二本俱缺此语），世第一法定不可退。预流者无退义，阿罗汉有退义。非诸阿罗汉皆得无生智。异生能断欲、贪、嗔恚。有诸外道能得五通。亦有天中住梵行者。七等至中觉支可得，非余等至。一切静虑皆念住摄。不（藏本缺此不字）依静虑得入正性离生，亦得阿罗汉果。若依色界、无色界身，虽能证得阿罗汉果，而不能入正性离生。依欲界身非但能入正性离生，亦能证得阿罗汉果（原刻重复"虽能……"等三十字，今依丽刻删）。北俱卢洲无离染者，圣不生彼及无想天。四沙门果非定渐得。若先已入正性离生，依世俗道（藏本文下有"离欲贪"一语）有证一来及不还果。可说四念住能摄一切法〔南传此是案达罗四部同执（一·九）〕。一切随眠皆是心所，与心相应，有所缘境。一切随眠皆缠所摄，非一切缠皆随眠摄。

缘起支性定是有为。亦有缘起支随阿罗汉转。有阿罗汉增长福业。唯欲、色界定有中有。眼等五识身有染无离（原刻作杂，今依丽刻改）染，但取自相唯无分别。心、心所法体各实有，心及心所定有所缘。自性不与自性相应，心不与心相应。有世间正见，有世间信根。有无记法。诸阿罗汉亦有非学非无学法。诸阿罗汉皆得静虑，非皆能起静虑现前。有阿罗汉犹受故业。有诸异生住善心死。在等引位必不命终。佛与二乘解脱无异，三乘圣道各有差别（此二义藏本皆缺，秦本同）。佛慈悲等，不缘有情，执有有情，不得解脱。应言菩萨犹是异生，诸结未断。若未已入正性离生，于异生地未名超越。有情但依现有执受相续假立。说一切行皆刹那灭〔南传此是东山、西山二部同执（二二·八）〕。定无少法能从前世转至后世，但有世俗补特伽罗说有移转。活时行聚（藏本云：死时行蕴。聚字原刻作摄，今依丽刻改）即无余灭，无转变诸蕴。有出世静虑。寻亦有无漏。有善是有因。等引位中无发语者。

八支圣道是正法轮（原刻作转，今依丽刻改），非如来语皆为转法轮。非佛一音能说一切法（藏本云：非现说一切事。次句云：非如实说一切义，与上文大众部执相反）。世尊亦有不如义言。佛所说经非皆了义，佛自说有不了义经。此等皆为本宗同义，末宗异义其类无边。

其雪山部本宗同义：谓诸菩萨犹是异生（藏本次有句云：无贪心），菩萨入胎（藏本云：正思维时）不起贪爱。无诸外道能得五通。亦无天中住梵行者。有阿罗汉为余所诱，犹有无知，亦有犹豫，他令悟入，道因声起。余所执多同说一切有部。

其犊子部本宗同义：谓补特伽罗〔南传犊子部执胜义中有补特伽罗。（一·一）同此〕非即蕴离蕴，依蕴处界，假施设名（陈本此下杂入注云：有三种假：一、摄一切假，二、摄一分假，三、摄度假）。诸行有暂住，亦有刹那灭。诸法若离补特伽罗，无从前世转至后世，依补特伽罗可说有移转。亦有外道能得五通。五识无染，亦非离染。若断欲界修所断结，名为欲离，非见所断。即忍、名、相、世第一法，名能趣入正性离生。若已得入正性离生，十二心顷说名行向，第十三心说名住果（陈本此下有一切众生有二种失：意失事失，生死二因最上烦恼及业，解脱二因最上毗钵舍那奢摩他等，凡十二义）。有如是等多差别义。因释一颂执义不同，从此部中流出四部，谓法上部、贤胄部、正量部、密林山部。所释颂言：已解脱更堕，堕由贪复还。获安喜所乐，随乐行至乐（藏本后半颂云：得所喜之乐，诸具乐者乐）。

其化地部本宗同义：谓过去、未来是无，现在、无为是有。于四圣谛一时现观，见苦谛时能见诸谛，要已见者能如是见。随眠非心亦非心所，亦无所缘，与缠异。随眠自性、心不相应，缠自性、心相应。异生不断欲、贪、嗔恚。无诸外道能得五通。亦无天中住梵行者。定无中有。无阿罗汉增长福业。五识有染亦有离染。六识皆与寻、伺相应。亦有齐首补特伽罗（勘藏本意云首相等者。秦本缺此句）。有世间正见（秦、陈二本俱云：无世间正见），无世间信根〔藏本缺此句，但南传此义与说因部同执（一九·八）〕。

无出世静虑，亦无无漏寻。善非有因。预流有退，诸阿罗汉定无退者。道支皆是念住所摄。无为法有九种（藏本列名不全）：一、择灭，二、非择灭，三、虚空〔南传此与北道部同执（六·六）〕，四、不动，五、善法真如，六、不善法真如，七、无记法真如，八、道支真如，九、缘起真如〔南传此与东山部同执（六·二）〕。入胎为初，命终为后。色根大种皆有转变，心、心所法亦有转变。僧中有佛，故施僧者便获大果，非别施佛。佛与二乘皆同一道，同一解脱。说一切行皆刹那灭。定无少法能从前世转至后世。此等是彼本宗同义。

其末宗异义者：谓说实有过去、未来。亦有中有。一切法处皆是所知，亦是所识。业实是思，无身语业；寻伺相应，大地劫住〔南传此是王山部执（一三·一）〕。于窣堵波兴供养业，所获果少。随眠自性恒居现在。诸蕴处界亦恒现在（藏本缺此一句）。此部末宗，因释一颂执义有异，如彼颂言（藏本缺此句，次下引文亦不作颂）：五法定能缚，诸苦从此生。谓无明贪爱，五见及诸业。

其法藏部本宗同义：谓佛虽在僧中所摄，然别施佛果大非僧。于窣堵波兴供养业，获广大果（藏本缺此句）。佛与二乘解脱虽一而圣道异。无诸外道能得五通。阿罗汉身皆是无漏。余义多同大众部执。

其饮光部本宗同义：谓若法已断已遍知则无，未断未遍知则有〔藏本云：已断遍知者有，未断而断者无。秦本云：有断法断知，无不断法断知。又勘南传饮光部执过未一分是有。（一·八）亦同于此〕。若业果已熟则无，果未熟则有（藏本云：异熟已熟之业是有，未熟是无）。有诸行以过去为因，无诸行以未来为因。一切行皆刹那灭（藏本缺此句）。诸有学法有异熟果。余义多同法藏部执。

其经量部本宗同义：谓说诸蕴有从前世转至后世，立说转名。非离圣道有蕴永灭（藏本缺"立说……永灭"）。有根边蕴，有一味蕴。异生位中亦有圣法（藏本缺此句）。执有胜义补特伽罗。余所执多同说一切有部。

2 《异部宗轮论》述记

世友菩萨造　唐三藏法师玄奘奉诏译　翻经沙门基记

　　《异部宗轮论》者，佛圆寂后四百许年说一切有部世友菩萨之所作也。观夫道成机发，玉景于世腾晖；化毕缘终，金躯以之匿影。虽群生失驭于四主，正教陵夷于五天，而亚圣绍隆，犹同理解。所以双林之后，百载以前，人无交竞之闻，法未纠纷之说。皆由饮光、庆喜、近执、满慈，内有五百应真，外亦万余无学，博闲三藏之旨，结集七叶之岩。时虽两处弘宣，然尚浑一知见。暨斯众圣息化归真，亦贝叶传通，道终未替。次有尊者耶舍，庆喜门人，更召七百极果于吠舍离国，再集调伏，重整幽讹。浇浞虽生，淳和尚抱，渐复时移解昧，圣少凡多。大天既捷辩争驰，群圣亦浚情竞发。人为异部，法有殊宗，波混玄源，星离宝岳，遂使一味幽致，分成二十之宗。慧路自此参差，道迹难为取舍。虽复如分白叠，似碎黄金，封执后乖，式亏初旨，凡怀偏虑，情滞邪智，圣有通规，形从异部。菩萨随缘利见，耀影生流，实贤劫之应真，嗣慈尊而补处。因既圆而德满，果待机而道成，缛思绮以含章，玄情郁而拔萃，洞该泉秘，述肇迹而裕后昆，鉴极幽微，语殊宗而津来哲。盖二十之天境，异部之洪源者矣。昔江表陈代，三藏家依已译兹本，名《部执异论》。详诸贝叶，校彼所翻，词或爽于梵文，理有乖于本义。彼所悟者，必增演之；有所迷者，乃剪截之。今我亲教三藏法师玄奘，以大唐龙朔二年七月十四日于玉华宫庆福殿重译斯本。基虚篹译僚，谬参资列，随翻受旨，编为《述记》。家依法师，疏成十卷，叙诸事义，少尽委曲。学者怖其繁文，或有遗于广趣。今但详其大旨，释其本文，与旧别者巨细而言，与旧同者聊陈梗概。

《异部宗轮论》者，举宏纲以旌称，彰一部之都名。复言论者，提藻镜以标目，简异藏之别号。人有殊途，厥称异部，法乖一致，爰号宗轮。异者别也，部者类也。人随理解，情见不同，别而为类，名为异部。宗者主也，轮者转也。所主之法，互有取舍，喻轮不定，故曰宗轮。又宗者所崇之理，轮者能摧之用，如王之有轮宝。是以殄寇除怨，建绩成功，标能举德，取方来学，镜此诸部，善达玄微，妙闲幽致，可以挫异道、制殊宗，树德扬名，借称轮矣。异部之宗轮，依士释也，激扬宗极，藻议攸归，垂范后昆，名之为论。

佛般涅槃后，适满百余年，圣教异部兴，便引不饶益。

述曰：诸论之作，轨范不同，然今此论大文有二：初叙其述意，即当教起因缘；次陈其所明，即为圣教正说。后无结释流通之分，此盖作者不同，未可详其所以。判释有三：一云：此论首末，咸是世友所为，虽第三颂中称己之德，然无自取之咎。所以然者，无上法王，久入圆寂；自余应果，多趣涅槃；时渐人浇，皆无慧眼，若不自陈胜德，或有疑法未真，故举德以自彰，显所说而可重。且如来契圣，指天下而称尊，况菩萨越凡，不自叙其高德。人由道以成德，标胜德以彰人；法在人以弘宣，叙上人而显法。既称贤劫之佛，惑累久亡，虽复自陈，亦无高慢之失，为显法胜故也。第二云：长行广叙，菩萨所为；先五颂文，后学所作。且如自称菩萨具大觉慧，岂有内蕴三明，外同九有，隐处浇末，陈德自扬？虽显法出胜人，然有自彰之失，故知前颂后学作也。第三云：始从如是传闻，终于叙年列部，菩萨所作；其前论意五颂，后述本末义宗，皆是后人所造。前颂中自扬其德，后叙义不尽所宗，故知初后非菩萨造。此论首末总有二分：初之五颂，叙部异之衰损，述真教而令依；后诸长行，陈部起之因由，论异宗之所执。就初五颂，复分为三：初有二颂，明异部衰损，令生厌怖；次有二颂，显造论胜人思择许说；后之一颂劝观佛教，简伪留真。初二颂中复有二段：初之一颂明部起之时，引生衰损；后之一颂明随执部起，令生厌怖。此即初也，于中有二：上之二句明部起之时，下之两句明部起衰损。佛陀梵音，此云觉者，随旧略语，但称曰佛。具一切智一切种智，如莲华开，如睡梦觉，能自开觉，亦觉有情，觉行既圆，目之为佛。般涅槃者，此言圆寂，即是圆满体寂灭义。此即显示无余涅槃。有余已后，佛在多时，取此百年便违正理，故今但取入无余也。适者未久之义，满者不减之理。若不言适但言满者，未满二百已来皆是满百，今显百年未久，故言适也，即旧论说一百年已更十六年。若不言满但言适者，满不正满，亦适百年，今显百年有余，故言满也。又言余者，显此非正百年，亦非久满，复非减少，故言余也。此意总显释迦如来入无余后，才满一百余年，即显部起时也。圣者正也，与正理合，目之为圣。又契理通神，名之为圣。此言所显，即佛世尊所说，教能引圣名圣教。教者教示导训为义，《大毗婆沙》第一百二十六卷说："教体即声，三无数劫所求起故，是业性故，圣教言显非外道教。"如来弟子情见不同，称之曰异类。类别处复名为部，即人异也。兴者起也。此句总显于佛教中弟子乖竞有异部起，非外道中部有异也。不饶益者，是衰损义，即损正教及利有情，此意总显人无异净，圣教纯和，觉意不差，法无亏减；人有异竞，圣教浇离，情见不同，法成衰损。理既邪正难辨，即令圣教陵迟，人无指的可依，有情迷谬更长。失金言之一味，得水乳之两和，人法浇浮，便引衰损，由圣教中异部起故，乃能引此不饶益生。二句总明部起衰损，一颂意显佛在之日及涅槃后百年以来，人无乖竞，法无异说，佛及圣弟子之所任持故。佛有五德，任持故耳，一不可化者皆能化之，人无异部；二能断疑网，有疑皆决，法无异执；三人天崇敬，众德所遵，宁生别部；四说法必益，但所闻法既出尘劳，如何别执？五能伏邪论，天魔外道，皆悉能伏，故人无异部，法无别执。佛具五德任持法故，人法无异。佛灭百年，大迦叶等诸圣弟子所任持故，人法不别。自佛灭后百有余年，于圣教中有异部起，便引生不饶益事。翻显百年已前，虽佛已灭，于圣教中无异部起，一味和合，正教不亏，众生纯信，无不饶益。

展转执异故，随有诸部起，依自阿笈摩，说彼执令厌。

述曰：此言正明随执部起，令生厌怖。初半显示随执部起，后半显说令生厌离。展转者不定义。此部所是，彼部所非；此部所非，彼部所是；是非无主，故言展转。情见不同，名为执异，故者由也。随者逐也，起者部兴也。由诸弟子互相是非，展转取舍，情见各别，逐自理解，事义乖张，无华萼之相扶，有支离之异趣，皆自随情执理，逐理解生。所解既自不同，执人遂分别部，即显人随情执成异部也。前颂已言于圣教中有异部，今明起也。阿笈摩者，此翻为传，展转来之义，或翻为教。厌者怖也，离也。论师意显今说部起，随自情执，非我率意妄述，由根本及依自说一切有教相传说也。何因须说为令生厌？如来大悲所逼，坚固炽然，三劫长时，修百千行，因圆果满，证道利生，动智海以自津，演真宗而拯物，欲使情山自殄，慧日居怀，浑一理源，无二觉路。后诸弟子遂乃随情执起，逐执部兴，纷纠乱于八宏，交竞盈于九有。真宗邃极，损诸理外，妄说浮旨实在义先，慕道者犹豫于两端，归依者惆怅于歧路，人天失虔敬之道，神祇罢肃恭之德。可谓智海湛而风鼓，慧日明而雾翳，良可悲哉痛矣！论师舟航庶类，梁栋佛法，属此乖张，深所嗟慨，所以依教传说，镜范后贤，令知法本无差，人为见异，可欣法而起解，厌执人而生怖，勿为竞先，勿为诤首，故下半颂令生厌也。一颂总显由诸弟子各执异，随此别见有诸部起。我今世友依自师教，传说彼宗能执诤首，令诸来叶，深生厌怖，常为和合之先，勿作破法之始。

世友大菩萨，具大智觉慧，释种真苾刍，观彼时思择。

述曰：自下二颂，明造论胜人思择许说，于中有二：初之一颂明造论胜人，观彼思择；后之一颂明正观彼事，许可当说。此即初也，于中有四：一世友者，能造人名，论主自显；二大菩萨等，所具胜德；三释种真等，简择殊流；四观彼时等，正观思择。言世友者，梵云筏苏蜜多罗，筏苏者世义，蜜多罗友也。外道所事毗瑟拿天，亦名筏苏，能救世故，世间父故，世导师故，住于世故。今此论主从彼乞得，彼天之友，故云世友。友者朋友，如言世亲，世天亲也。世天之友，故名世友。又此天暴恶，神鬼怖之。菩萨初生，父母矜爱，恐非人所娆，故以此为名。谓此婴儿，世天之友，世天所护，诸鬼神等勿恐怖之。如今此方立名神护，神所护念，非人不近。又此菩萨大悲救物，为世之友，故名世友。自标名也，不名天友，如世亲释。又住天之友，故名住友。大菩萨者，因位已圆，故言大也。菩提名觉，萨埵云有情。具智觉之有情，故言萨埵；能求菩提一切智觉，

缘诸有情以为悲境，故言菩萨，此如常释，即具德假者
也。大智等者，此显所具三种别德，一大智德，二大觉
德，三大慧德，以一大言遍智觉慧。言大智者，即利他
德；大觉慧二，是自利德。能了自相，目为大觉；了法
共相，名为大慧。又闻思修慧如次配之，或自相共相等
三种作意次第配释。又大智是总，觉慧是别，自他二利
别配觉慧。释种者，标是佛之种。佛刹帝利姓，即是释
迦，此翻为能。古仙姓能，能导世故，具德能故。言苾
刍者，或名怖魔，或名能破，或名乞士等，此如常释。
但言苾刍，义通外道，今言释种，显非外人。但言释种，
或通世俗，今言苾刍，显出家也。然苾刍义通圣及凡，
今显非凡，复言真也。又圣通三乘，今简非二，显此但
是趣佛之圣，故言真也。观谓观察。彼时者，即部异时
也，论主四百年生，部在一百年余，相去既远，但言彼
时。思谓思量，说是部执之事。择谓简择，叙其异竞之
宗，论主意言我世友具此德，观彼部起之时，思择其
事，申诸宗义。若不显人之德，法成可疑，今明法出胜
人，理可依之信解，标人以劝信行，显法乃以劝随法，
故须举人以彰法胜。

等观诸世间，种种见漂转，分破牟尼语，彼彼宗当
说。

述曰：此颂所明，正观彼事，许可当说。等谓平等，或是遍义。其世间者，谓明二说，一有情世间，二即器世间。可破坏故云世，沉没于中曰间，今此所取有情世间。此非一故复言诸也。见谓见解，此非唯一，故言种种。漂谓漂浮，亦谓漂涌，或云漂溺。转谓流转，或是起义，见即由人起，人逐见流。言牟尼者，此翻为寂，寂烦恼故，寂生死故，处大涅槃得寂灭故，寂诸戏论证真理故，即佛世尊所说十二分教名牟尼语。言彼彼者，是非一义，谓诸有情为种种见所漂转，故分破世尊根本所说甚深义教，为彼彼宗。此意总显我遍观察诸有情类为竞首者，为诸自见之所漂浮；为诤末者，为诸他见之所流转。或翻此说，首末转漂因缘力故，分破世尊所说真教，作彼彼宗，此诸异宗，我今当说。此即二十异宗名为彼彼，皆由随自见解所漂转，故分破佛语，非是佛语本末有别。

　　应审观佛教，圣谛说为依，如采沙中金，择取其真实。

　　述曰：此颂正明劝观佛教去伪留真。审谓审谛，圣谛说者，即佛所说四谛教也。劝诸有情勿为自见之所漂转。真者无垢，实谓坚固。应审观察佛所说教中，但四圣谛教为真依处。生死因果，苦集二谛；出世因果，灭道二谛，真实不虚，诸部无诤，决定如是，实可依处。余傍义理，诸部互乖，是非不定。如采沙中金者，举喻说也，犹如采沙中之金，取金去石铸矿亦尔。诸部经教，既如金矿，应取其金，去其矿也。四圣谛理，犹似真金，诚实不虚，应可依取。所余义理，或是或非，卒难取舍，不可随自见以互有乖诤，便诽诸部并各非真。其诸部中四圣谛教无异说故，可依信解。一颂总显，应审观察，虽诸部义，随见解生，不可诽之；便总是其佛所说四圣谛教是真是实，如采沙中所有金宝深可依信。不以有沙便弃金者，勿以有诤弃圣谛教。五颂总显世尊灭后一百年余，于佛教内有异部起，便引衰损，皆由随自见解，分破佛教作彼彼宗。我今世友观之当说，劝诸学者应观佛说四圣谛教是真是实，如采沙中所有金宝，去非留是，于诸部教亦复如是。取圣谛教为所依学，自余所诤，任意去留，勿以随见分为诸部，便总非拨。此即第一叙部异之衰损，述真教而令依，造论意也。

如是传闻。

述曰：自下第二陈部起之因由，论异宗之所执，文意有五。一显已传闻，二明本教主，三叙部兴之年代，四述因诤部分，五广陈部执。此即初也。如是之义依四义转，总指一部所明之义。闻谓耳根发识听受，耳得闻名。言传闻者，显非亲听，展转闻也。亲所听受，称曰我闻；从他听受，名曰传闻。先云已依自阿笈摩，显非妄说。若初不言传从自教所闻说者，便有率情妄陈之惑。故言传也，为令生信，故称传闻。

佛薄伽梵。

述曰：自下第二明本教主。后诸弟子净佛之教，非诸外道，故称教主。佛如前释，薄伽梵者，能破四魔，具抱六德，名薄伽梵。

般涅槃后百有余年。

述曰：自下第三叙部兴年代，于中有五：一总叙净年，二喻嗟时恶，三举部兴所在，四彰外护人王，五正陈时净。此即初也，如文可解。

去圣时淹，如日久没。

述曰：此乃第二喻嗟时恶。如来未出已前，世间称为大夜；佛日既朗已后，天下始得言明。若无开导群盲，何以有怀慧目。自鹤林变色，觉照潜晖，世亦昏冥，年寝满百。譬如白日西落，素月东潜，夜久更深，天下昏暗，故举嗟时恶如日久没也。梵云颇悉多，此云没；邬陀延，此但云出，非日出没处，山名也。即今西方，见日西没，呼言颇悉多，非别有颇悉多山，日于中没。又梵本但云百余年，更无十六年之语，此相传人释，非本论文。

摩揭陀国俱苏摩城。

述曰：此举部兴所在。中印度国，名摩揭陀，王大都城，名俱苏摩。俱苏摩者，古旧都城。有新都城名波吒厘子。阿阇世王先都王舍，其子王等以王舍地曾起恶逆，迁都于此。俱苏摩旧为无忧，于此处都，诸僧净处。摩揭陀者，此云无毒害，旧云致甘露处，然义亦得。此即诸天及阿素洛往昔之时，爱着心重，为毒所害，寿命短促。梵王令之，以龙为绳，以山为攒，攒于乳海。于时众生福力，海变成乳，后得甘露，安置此中，服得长寿，除诸毒害，名无毒害，此依彼方俗间所释。又摩揭陀者，今天帝释往因中名，性好治地，与三十二人于此地中共为愿契，同修胜业，现招富乐，后并生天，从天帝释因中为名，名摩揭陀也。俱苏摩者，此翻为华，华十名中此一名也。若言矩奢揭罗补罗城，此云上茅，此处多出吉祥香茅，因此名也。又云名华，此地多有诸妙香华，因以名也。又有波吒厘子城者，与此相连，次在此东。昔有婆罗门，高能博学，门人数千，稍因余暇，相从游止，至波吒厘林。有一书生，徘徊怅怏，同俦谓曰："何以忧容？"答曰："羁游岁月，一业无成，盛色方刚，又无妾昵，顾此为念，宁不增忧？"余诸学徒进而戏曰："今将为子婚接一亲。"乃立二人为男父母，复立二人为女父母，以妙波吒厘树授以为妻，酌水献华以为醪馔，陈情契婚姻之礼，命酌论好合之期。书生之心，欣然自得。日云将晏，学侣言归，唯此书生怀情恋不去。书生独宿，余友旋来，景夕之间，神火烛野，歌钟满席。俄见老翁策杖来至，有一少女彩服而前，翁指少女曰："此君之弱室也。"欢歌奏乐，终七日焉。其先学徒咸疑兽害，往而求觅，见坐树下如对嘉宾，犹逢上客。诸侣请归，辞不从命。后自入城拜谒亲故，具陈始末，人悉惊嗟。暮岁之后，生一男子，谓其妻曰："吾今欲归，未忍离阻，适欲留止，栖寄飘露。"其妻白父，翁乃言曰："人生欲乐，何复必故乡？今将筑室，幸无异志。"遂乃役使灵徒，功成不日。从此已来，城遂名也。波吒厘者，树名；子者，树之儿也。城因树儿以立，故名波吒厘子焉。然阇王之子迁都此处，王宫在西，多在故俱苏摩地。百姓广大，悉皆在东，多在波吒厘地。门向东开，故家依法师解波吒厘错其事也。又言有一大国名波吒厘，亦为非也。此是都城之名，何以云国？摩揭陀者，乃国名也。《大毗婆沙》第九十九亦叙此事云摩揭陀国，若以波吒厘为国，摩揭陀是何也？

王号无忧，统摄赡部，感一白盖，化洽人神。

述曰：此彰外护人王，初一句列王名，次三句显王德。显王德中有三：一化境宽狭，二感瑞成王，三威通幽显，广释此王因之所以。如经：此王是频婆娑罗王之孙也。无忧嗣位之后，心乖佛法，举情卒暴。乃立地狱作害生灵，后因阿罗汉方始归信，远因以沙奉献，近由圣者回心，乃度其弟大帝出家。具如《西域记》说：此王之父未生无忧以前，恒虑遮那枳来相戮害。及生无忧之日，此怨自怨，怨害既除，名无忧也。又此王容仪绝比，神彩难方，悦可父母之怀，故以无忧为号。统摄赡部者，化境宽狭也。赡部树名，在此洲北界，临水而生，从树为名，地称赡部，其子大而且美，因以名焉。感一白盖者，感瑞成王也。王初嗣位，铁轮飞空，毂赤轮白，众宝厕钿，显能摧伏。有白云盖覆赡部洲，明所伏处即一天下。化洽人神者，威通幽显也。洽者润沾之义，此王三舍赡部，供奉三尊，使诸人、鬼、大力神等，造八万四千妙塔，非直威摧人，庶信亦化及鬼神也。

是时佛法大众初破。

述曰：正陈诤时，谓佛涅槃已后一百余年，于摩揭陀国俱苏摩城，当无忧王时佛法初破，已前犹自佛法和合。

谓因四众共议大天五事不同，分为两部。

述曰：自此下第四述因诤部分，于中有二：一明根本诤部起之由，二陈后末诸部别起。初中有二：一总举能诤所诤分为二部，二别显所分二部四众五事。此即初也。谓因四众者，能诤人也；共议大天五事不同者，所诤事也；分为两部者所分部也。自下具出大天五事因缘不同，昔末土罗国有一商主，少聘妻室生一男子，颜容端正，字曰大天。未久之间，商主持宝远适他国，展转贸易，经久不还。其子长大，染秽于母，后闻父还，心既怖惧，与母设计，遂杀其父，彼既造一无间业已。事渐彰露，便语其母，展转逃隐波吒厘城。彼后遇逢本国所供养无学苾刍，复恐事彰，遂设方计，杀彼无学，既造第二无间业已。心转忧戚，后复见母与余交通，便愤恚言："我事此故，造二重罪，移流他国，羚嫉不安。今复舍我更好他者，如是倡秽，谁堪容忍？"于是方便后杀其母，彼造第三无间业已。由彼不断善根力故，深生忧悔，寝处不安，自惟重罪何缘当灭，彼复传闻沙门释子有灭罪法，遂往鸡园僧伽蓝所，于其门外见一苾刍徐出经行，诵伽陀曰："若人造重罪，修善以灭除，彼能照世间，如月出云翳。"时彼闻已，欢喜踊跃，知归佛教定当罪灭，因即往诣一苾刍所，殷勤固请，求度出家。

时彼苾刍既见固请，不审捡问，遂度出家，还字大天，教授教诫。大天聪慧，出家未久，便能诵持三藏文义，言词清巧，善能化导，波吒厘城无不归仰。时无忧王闻已，召请数入内宫，恭敬供养而请说法。彼后既出，在僧伽蓝不正思维，梦失不净。然彼先称是阿罗汉，而令弟子浣所污衣。弟子白言："阿罗汉者，诸漏已尽，师今何容犹有斯事？"大天告曰："天魔所娆，汝不应怪，然所漏失略有二种：一者烦恼，二者不净。烦恼漏失阿罗汉无，犹未能免不净漏失。所以者何？诸阿罗汉烦恼虽尽，岂无便利涕唾等事？然诸天魔常于佛法而生憎嫉，见修善者，便往坏之。纵阿罗汉亦为其娆，故我漏失，是彼所为，汝今不应有所疑怪。"论：是名第一恶见等起。又彼大天欲令弟子欢喜亲附，矫设方便次第记别四沙门果，时彼弟子稽首白言："阿罗汉等应有证智，如何我等都不自知？"彼遂告言："诸阿罗汉亦有无知，汝今不应于己不信。谓诸无知略有二种：一者染污，阿罗汉已无；二者不染污，阿罗汉犹有，由此汝辈不能自知。"论：是名第二恶见等起。时诸弟子复白彼言："曾闻圣者已度疑惑，如何我等于谛实中，犹怀疑惑？"彼复告言："诸阿罗汉亦有，疑有二种：一者随眠性疑，阿罗汉已断；二者处非处疑，阿罗汉未断。独觉于此而犹成就，况汝声闻于诸谛实能无疑惑，而自轻耶？"论：是名第三恶见等起。后彼弟子披读诸经，说阿罗汉有圣慧眼，于自解脱，能自证知，因白师言："我等若是阿罗汉者，应自证知，如何但由师之令入，都无现智能自证知？"彼即答言："有阿罗汉但由他入，不能自知。如舍利子智慧第一，大目犍连神通第一，佛若未记，彼不自知。况汝钝根，不由他人而能自了？故汝于此不应穷诘。"论：是名第四恶见等起。然彼大天，虽造众恶，而不断灭诸善根故，后于中夜自惟罪重，当于何处受诸剧苦，忧惶所逼，数唱苦哉。近住弟子闻之惊怪，晨朝参问起居安不。大天答言："吾甚安乐。"弟子寻白："若尔，昨夜何唱苦哉？"彼遂告言："我呼圣道，汝不应怪。谓诸圣道若不至诚称苦召命，终不现起，故我昨夜数唱苦哉。"论：是名第五恶见等起。大天于后集先所说五恶见事，而作颂言："余所诱无知，犹豫他令入，道因声故起，是名真佛教。"于后渐次鸡园寺中上坐苾刍多皆灭没，故十五日夜布洒陀时，次当大天升座说戒，彼便自诵所造伽陀。尔时众中有学无学多闻持戒修静虑者，闻彼所说，无不惊诃："拙哉愚人，宁作是说，此于三藏，曾所未闻。"咸即对之翻彼颂曰："余所诱无知，犹豫他令入，道因声故起，汝言非佛教。"于是竟夜斗诤纷然，乃至终朝朋党转盛。城中士庶，乃至大臣，相次来和，皆不能息。时无忧王闻之，自出诣僧伽蓝，于是两朋各执己诵。时王闻已亦自生疑，寻白大天："孰非孰是，我等今者当寄何朋？"大天白王："戒经中说，若欲灭诤，依多人语。"王遂令僧两朋别住，贤圣朋内，耆年虽多而僧数少，大天朋内，耆年虽少而众数多。王遂从多依大天众，诃伏余众，事毕还宫。尔时鸡园诤犹未息，后随异见，遂分二部：一、上座部，二、大众部。时诸贤圣知众乖违，便舍鸡园，欲住他处。诸臣闻已遂速白王，王闻既嗔，便敕臣曰："宜皆引至殑伽河边，载以破船，中流坠溺，即验斯辈是圣是凡。"臣奉王言，便将验试。时诸贤圣各起神通，犹如雁王陵虚而往。复以神力摄取船中同舍鸡园未得通者，现诸神变，作种种形，相次乘空，西北而去。王闻见已，深生愧悔，闷绝僻地，水洒乃苏，速即遣人寻其所趣。使还知在迦湿弥罗，后固请还，僧皆辞命。王遂总舍迦湿弥罗国，造僧伽蓝，安置贤圣众。随先所变作种种形，即以标题僧伽蓝号，谓鸽园等数有五百。后遣使人多赍珍宝，营办什物而供养之。由是尔来，此国多有诸贤圣众任持佛法，相传制造于今犹盛。波吒厘王既失彼众，相率供养住鸡园僧。于后大天因游城邑，有占相者遇尔见之，窃语彼言："今此释子却后七日定当命终。"弟子闻之，忧惶启告。彼便报曰："吾已久知。"还至鸡园，遣诸弟子分散遍告波吒厘城王及诸臣长者居士："却后七日，吾当涅槃。"王等闻之，皆无不伤叹。至第七日，彼遂命终。王及诸臣城中士庶悲哀恋慕，各办香薪并诸酥油华香等物，积置一处而焚葬之。持火来烧，随至随灭，种种方计，竟不能燃。有占相师谓众人曰："彼不能消此殊胜葬具，宜以狗粪而洒秽之。"便用其言，火遂炎发，须臾焚荡，俄成灰烬，暴风卒至，飘散无遗，此即大天乖诤由序。诸有智者应知避之。如《毗婆沙》九十九说："今此五事，圣众不许，所以纷纭各论此事，遂分二部。"二部者何？

一大众部，二上座部。

述曰：自下别显所分二部等，于中有三：一列二部，二陈四众，三举五事，此即初也。佛初入灭，七叶岩中二部结集，界内即有迦叶波，此云饮光，时为上座；布剌拿梅怛利曳尼子，此云满慈子，当结集阿毗达磨；邬波离，此云近执，当结集毗奈耶；阿难陀，此云庆喜，当结集素怛缆。界外亦有万数无学。界内既以迦叶为上座部，界外无别标首，但总言大众。皆由未生怨王为大檀越，种种供养，恐界内界外人多难可和合，所以两处弘宣。时虽两处结集，人无异诤，法无异说。界内耆年至多，界外年少极多。乃至大天乖诤，昔时界外少年之僧、门人苗裔共为一朋，名大众部，取昔为名。往昔界内耆旧之僧共为一徒，名上座部，取结集时迦叶是也。此二乃根本诤起之先首，依《西域记》及《结集法传》《大智度论》说各不同，如《藏章》说。

四众者何？

述曰：此下第二陈四众也，此为问起。

一龙象众，二边鄙众，三多闻众，四大德众。

述曰：龙象众者，喻大天之流。龙即是象，象亦名龙。此有二义：一威势叵当。二椀梜难调。恃国王大臣之力，陵侮圣众，余人因此乖诤，所以威势叵当；性禀凶顽，为恶滋甚，圣众制而不止，故名椀梜难调，即是大天之流斗诤之首。边鄙众者，大天之门徒等也。心行理外，因之为边；无德可称，名之为鄙；此等既非诤首，复无威势叵当，所以列名但言边鄙。随顺党援，大天之徒，大天门人等也。多闻众者，凡夫学者，随顺圣人，妙达幽微，广闲三藏，助善朋党，称曰多闻。即是持戒广学凡夫，党援圣众者也。大德众者，即圣众也，契理通神，戒清学博，道高无上，名为大德，四果等圣也。此之四众，二恶众，二善众。恶众之中，有首有徒，大天等是首，门人等是徒，初二众是也；善众之内，亦有首徒，圣者是首，随顺凡夫是徒，后二众是也。又有释言：若凡若圣，持戒清高，善闲律部，众中无畏，譬如龙象，即持律者名龙象众，尊者近执之学徒也。毁戒违行，目之为边；性钝无知，名之为鄙，即实不闲三藏圣教，唯是凡夫诸破戒者，名边鄙众，大天之类也。若凡若圣，广诵众经，善持佛语诸经师等，名多闻众，尊者庆喜之学徒也。若凡若圣，妙解玄理，深悟幽宗，有道可称，名大德众，即阿毗达磨诸大论师，尊者满慈之学徒也。又有解言，僧中有乐为斗诤首，为破戒僧所依，为恶人援伴，如龙象可畏，是龙象众。耳不能听，口不能说，心行理外，名为边鄙众。凡夫具戒，依闻而行，名多闻众。圣者具智，随理而证，名大德众。今此四众，乖竞不同，破四众也。

其五事者如彼颂言：
　　余所诱无知，犹豫他令入，
　　道因声故起，是名真佛教。

述曰：此即第三正明五事，如大天颂，此前已释。一余所诱，二无知，三犹豫，四他令入，五道因声起，是为五事。上来第一，明根本净部起之由。

后即于此第二百年，大众部中流出三部。

述曰：自下第二正陈后未诸部别起，于中有二：初明从大众部所分之部，后明从上座部所分之部。初中有二：初别举年代部起之数，后总结列诸部之名。初中有四：四时分别部故。前三时分别之部中，文各有二：初总举部分之年所从部起，二正显所分部名。今此中言后即于此第二百年者，显分部年。于大众上座部分之后，即一百外二百年还，又更部起。大众部中流出三部，所从部起之处，即于大众部中起也。如前已说大众部中凡多圣少，所以二百年内犹有乖诤，诸部先起。此即举部分之年，所从部起之处也。

一一说部，二说出世部，三鸡胤部。

述曰：自下第二正显所分部名。其大众部本无异诤，于此时内，立义不同。一、一说部，此部说世出世法皆无实体，但有假名。名即是说，意谓诸法唯一假名，无体可得。即乖本旨，所以别分名一说部，从所立为名也。真谛师论，名与此同。《文殊问经》云执一语言部，名虽相似，然注解云："所执与僧祇同，故言一也。"此释非也。二、说出世部，此部明世间烦恼从颠倒起，此复生业，从业生果。世间之法既颠倒生，颠倒不实，故世间法但有假名，都无实体。出世之法非颠倒起，道及道果，皆是实有。唯此是实，世间皆假，从所立为名。既乖本旨，所以别分名说出世。《文殊经》注可称赞者，此犹非也。真谛法师云出世说者，随顺梵言，于此便倒。三憍矩胝部，此婆罗门姓也，此云鸡胤。上古有仙，贪欲所逼，遂染一鸡，后所生族，因名鸡胤，婆罗门中仙人种姓。《文殊经》注云律主姓也，是释名同。真谛法师云灰山住部，此言非也。本音及义，皆无此说。此从律主之姓，以立部名。此部唯弘对法，不弘经律，是佛世尊方便教故。如颂云：随宜覆身，随宜住处，随宜饮食，疾断烦恼。有三衣覆身佛亦开许，无三衣覆身佛亦许之；僧伽蓝内住佛亦开许，界外亦许；时食佛随许；非时、午前食佛亦许。故衣处食，皆名随宜，唯言疾断烦恼，故阿毗达磨独是正说，律为方便也。又颂言：出家为说法，聪敏必憍慢，须舍为说心，正理正修行。若为讲经而出家者，讲经必起憍慢。憍慢起故，不得解脱。须舍为说心，应依正理，正勤修行断烦恼也。故知经是方便不许说，故唯有对法，是正理也。故此部师多闻精进，速得出离，即第一时大众部中出三部也。

次后于此第二百年，大众部中复出一部，名多闻部。

述曰：此第二时分，文亦有二，准前可解。广学三藏，深悟佛言，从德为名，名多闻部。当时律主，具多闻德也。又有释言，佛在世时，有无学名祀皮衣，为仙人时，恒被树皮为衣。以祀天故，先住雪山。佛入涅槃，其祀皮衣入定不觉。至二百年已，从雪山来，于大众部中弘其三藏。唯见大众部弘其浅义，不能弘深，此师具足，更诵深义。时有弘其说者，有不弘者，所以乖竞。所弘之教，深于大众，过旧所闻者，故名多闻也。

次后于此第二百年，大众部中更出一部，名说假部。

述曰：此第三时，文亦有二，准前可解。此部所说世出世法中皆有少假，至下当知。非一向假故，不同一说部；非出世法一切皆实故，不同说出世部。既世出世法皆有假有实，故从所立以标部名。真谛师云分别说部，《文殊问经》略无此部。又旧释言大迦旃延先住无热池侧，佛入灭后二百年时，方从彼出。至大众部中，于三藏教，明此是世尊假名而说，此是实义而说。大众部中，有不信者，亦有信者，遂别分部，此部即大迦多衍那弟子所弘通也。

第二百年满时，有一出家外道，舍邪归正，亦名大天，于大众部中，出家受具，多闻精进。

述曰：此叙第四时分部起也。于中有四：一明能净人及所从部，二明所居处，三明乖违净事，四正明部分。此即第一。第二百年满时，以前诸部但第二百年内分，未满二百年，今此正二百年分部，故言满时，即大众部中末后净也。外道之中，有形同俗，有同出家，今此出家之人，故言出家外道。舍外道之邪教，归如来之正法，亦名大天。前第一百年时，有大天比丘为乖诤之首，今此同前之名，故称为亦。《婆沙》所说是前大天。于大众部中出家等者，显所从部。出家受具，明形入僧流，受持具戒，广学优思，名曰多闻。行洁高清，目为精进，此乃谈其威德。明所从部，即乖诤之首也。又有释言，摩揭陀国有好云王，大弘佛法，所在供养。诸大圣者，多集其国。其国贵庶，唯事沙门，不崇外道。外道之徒，贪诸四事，遂私剃发，贼住出家。或有聪明，受持三藏，能善说法，遂使凡圣同流，伪真和杂。王知此事，沙汰圣凡，外道贼住多归本宗。圣明博达，犹有数百许人，同共佛法幽玄，并能通达。王问圣者："贼住外道犹自有无？"圣者报曰："尚有数百，其彼外道朋党极盛，若更剪除，恐其破坏佛法。"王遂别造伽蓝，安置彼众，其此大天即彼头首，多闻博学。

居制多山。

述曰：此明大天所居。唯因住处，以立名也。制多者，即先云支提，讹也。此云灵庙，即安置圣灵庙之处也，此山多有诸制多，故因此立名。

与彼部僧，重详五事，因兹乖诤，分为三部。

述曰：此明乖违净事。大天与彼大众都僧，重详前议大天五事，有可不可；因兹乖净，分为三部。下叙宗中，自明所立，虽计五事，与大众同。因议此五，别净余事，故分部也，下叙宗中所立五事同大众部故也。

一制多山部，二西山住部，三北山住部。

述曰：此下第四正明分部。大天所住，名制多山，因以立名，义如前释。制多山西，称曰西山，既与大天不和，因此别住。北山亦尔，制多山北之一山也。此三并从所住立名，然旧真谛法师所翻《部执》，第四时分但为二部，一支提，二北山。《文殊》亦尔，仍加东山，略无西山之名。此并译家谬也，至下当知。

如是大众部四破或五破，本末别说合成九部。

述曰：此下第二正列所分部名，于中有二：初总结四破五破，后正列部名，此即初也。如是以前，从大众部中，末有四破。谓一说部以下，四时分部并本五破，谓共上座部从初分大众之时，若末若本合说为九，但末为八。《文殊问经》若大众部并根本说但有八部，真谛法师合为七部，此皆非也。

一大众部，二一说部，三说出世部，四鸡胤部，五多闻部，六说假部，七制多山部，八西山住部，九北山住部。

述曰：正列所分之部名也。《文殊问经》佛说合分成二十部，然翻译家大众部但总为八，上座部总为十二，以何知非上座部中离上座外别说雪山部？今新旧部执皆言上座亦名雪山，不可离雪山部外别有上座部，故《文殊问经》上座分成十二非也。其上座部中已言十二，其大众部乃总言八，于中四分中略去一部，无说假部。又新旧部执皆无东山之名，但是译家谬也。应言西山，不悟上座与雪山同，分为二部，略去大众部中所分一也。真谛法师不悟部之多少，遂减去二部，但言十八。今设难言：若意欲得有十八部者，何故上座部中并本合说乃有十一？大众部中但说末分有七，不论根本大众，若如所欲，岂大众部非十八摄？若言上座亦不入数，恐离雪山，别有上座，何故自所翻论，乃言雪山住部亦名上座弟子部？真谛法师闻相传说有十八部，若言二十，恐有他非，遂略大众不言，复减西山住部，以欲成己十八部故。若取大众便有十九，仍旧疏云合外道所分二为一，故合有七，此义非也。何故须然？今准新论及《文殊问经》皆并根本有二十部，即并根本大众部说亦数不除，故知真谛法师所翻错也。但除根本上座、大众，故有十八，若并根本，即有二十，故佛悬记云：十八及本二，是谓二十部，无是亦无非，我说未来起。如是翻译，要善自他言音，解诸部义，研穷褒贬，乃可知矣已！

其上座部，经尔所时，一味和合。

述曰：自下第二明上座部所分之部，于中有四：一显法淳正，多载犹同；二明至三百年，因诤分部；三时浇部起；四结列部名。此即初也。此部根本，迦叶住持，后有近执、满慈、庆喜等，助扬其化，圣者相继，所以二百年前殊无异诤，故言经尔所时。一味者，显法无差；和合者，明人不诤也。

三百年初，有少乖诤，分为两部。

述曰：此即第二至三百年因诤分部，此中或说二百余年，第三百年之首，故言三百年初。上座部本弘经藏，以为上首，以律对法为后弘宣。非是不弘律及对法，然不以为首。至三百年初，迦多衍尼子出世，于上座部出家，先弘对法，后弘经律。既乖上座本旨，所以斗诤纷纭，名少乖诤，不同大天大乖诤也。又解未必此时迦多衍尼子生，但执义不同，遂为乖诤，且如大天五事，上座犹行，此时之中有不许者，既乖本旨，所以遂分部。两部者何？

一说一切有部，亦名说因部；二根本上座部，转名雪山部。

述曰：自下第三时浇部起，七时部分，分为七段。说一切有者，一切有二：一有为，二无为。有为三世，无为离世，其体皆有，名一切有。因言所以，此部说义，皆出所以，广分别之，从所立为名，称说一切有部也。其本共大众部之时，传承迦叶之教。上座部者转名雪山部，上座弟子，本弘经教。说因部起，多弘对法，既闲义理，能伏上座部僧，说因时遂大强，上座于斯乃弱。说因据旧住处，上座移入雪山，从所住处为名，称雪山部。若从远所袭以名上座部。又西域之言呼冬分时为雪风，雪山中风，流行于世，号为冬分，故言雪风。今此上座贤圣渐少，宗义微弱，人不流通。说一切有圣者转多，理趣强盛，人皆学习。上座废之不行，如雪风相似，言其微弱也。又上座既是根本，应在说因之前，但以圣少义弱，所以列之于后。

后即于此第三百年中，从说一切有部流出一部名犊子部。

述曰：犊子者，律主姓也。上古有仙，居山静处，贪欲已起，不知所止，近有母牛，因染生子。自后仙种，皆言犊子，则婆罗门姓也。佛在之日，有犊子外道归佛出家，如《涅槃经》说。此后门徒相传不绝，至此分部，从远袭为名，言犊子部。《文殊问经》云犊子部，注云律主姓是也。真谛法师云可住子弟子部。谓罗睺罗舍利子弟子，皤雌子是罗睺罗弟子，弘舍利子所说，因以部分，名为可住。可住仍言上古有仙名可住，今此律主母是彼种，从母为姓，名可住子。此理难解，幸愿详之。

次后于此第三百年，从犊子部流出四部：一法上部，二贤胄部，三正量部，四密林山部。

述曰：法上者，律主名，有法可上，名为法上。或有法出世，众人之上，名为法上。贤胄者，贤者部主之名，胄者苗裔之义，是贤阿罗汉之苗裔，故言贤胄，从所袭部主为名也。正量部者，权衡刊定，名之为量，量无邪谬，故言正也。此部所立甚深法义，刊定无邪，目称正量，从所立法以彰部名。密林山者，近山林木翁郁繁密，部主居此，名密林山，从所居为名也。《文殊问经》名苏山部，此与皤雌执义不同，遂分别部。或有解言，此等四部，释舍利弗阿毗达磨，义有少者，以义足之，后各造论，取经义添着，既乖大旨，遂即部分也。

次后于此第三百年，从说一切有部复出一部名化地部。

述曰：此部之主本是国王，王所统摄国界地也。化地上之庶人，故言化地。舍国出家，弘宣佛法，从本为名，名化地部。真谛法师云正地部，本是王师，匡正土境，舍而弘法，故言正地，亦稍相近。《文殊问经》言大不可弃，非也。

次后于此第三百年，从化地部流出一部名法藏部，自称我袭采菽氏师。

述曰：法藏者，部主名。亦名法密，密之与藏，意义大同。法藏、法密，二义皆得。此师含容正法，如藏之密，故言法密。从人以立部主名。此部师说总有五藏：一经；二律；三阿毗达磨；四咒，即明诸咒等；五菩萨，即明菩萨本行事等。既乖化地本旨，遂乃部分。他不信之，遂引目连为证。菽者豆也，上古有人，嗜绿豆子，采以为食，遂得成仙。目连是彼仙种，故言采菽氏也。或言仙人食豆，此是彼种。氏为族类。此部引目连说有五藏证也。

至三百年末，从说一切有部复出一部名饮光部，亦名善岁部。

述曰：饮光者，婆罗门姓也，则迦叶波姓是。上古有仙，身有金光，余光至侧，皆不复现，饮蔽余光，故言饮光。此部教主是彼苗族，故言饮光。又此部主，身有金光，能饮余光，故言饮光。此师少岁，性贤有德，因以立名，故言善岁，嘉其少有贤行故也。从其姓云饮光，从其名云善岁。或云此是佛在之日迦留陀夷儿姓饮光也，少即归佛，出家受道，故名善岁。何故三百年末，此人犹有也？

至第四百年初，从说一切有部复出一部名经量部，亦名说转部，自称我以庆喜为师。

述曰：此师唯依经为正量，不依律及对法，凡所援据，以经为证，即经部师，从所立以名。经量部亦名说转部者，此师说有种子，唯一种子，现在相续，转至后世，故言说转，至下当知。旧云说度部。然结集时，尊者庆喜专弘经藏，今既以经为量，故以庆喜为师，从所立为部名。满慈弘宣对法，近执弘毗奈耶，既不依于对法及律，故今唯以庆喜为师也。

如是上座部七破或八破，本末别说成十一部。

述曰：此下第四结列部名，于中有二：初明分破之数，后正列名，此即初也。若并上座与大众部破，即有八破。若除根本，但说于末，从说一切有以下，即有七破，故合根本数成十一部也。与《文殊问经》别，破并根本有十二部，已如前会。

一说一切有部，二雪山部，三犊子部，四法上部，五贤胄部，六正量部，七密林山部，八化地部，九法藏部，十饮光部，十一经量部。

述曰：此正列名，文可知也。

如是诸部本宗末宗同义异义，我今当说。

述曰：自下大文第五广陈部执，于中有二：初总标许说，后次第别陈，此即初也。如是诸部，牒前诸部也。此中本宗同义、末宗异义者，且如大众、一说、说出世、鸡胤四部，根本初诤，立义之时，所同之义，名本宗同义。别部已后，于自宗中后别立义，乖初所立，与本宗别，名末宗异义。又如多闻部，从大众部出，初分出之时所立之义，名本宗同义。别部已后，更有别立乖其本旨，名末宗异义。下一一部，准此应知。然今此中总起于后，其后部中有叙本宗末宗，有唯叙本，末指如余，以义同者，更不繁述。今此诸部本宗同义、末宗异义我今当说，许次当说。今者此时分，此论中说，当者次此言后，故言当也，此则第一总标许说。

此中大众部、一说部、说出世部、鸡胤部本宗同义者。

述曰：自下第二次第别陈也。虽有二十部不同，合为十一段，以一说部、说出世部、鸡胤部三部共大众部合叙，西山、北山二部共制多山合叙，法上、贤胄、正量、密林四部共犊子部合叙，故有十一段也。于十一段叙义之中文皆有二：今此初标部叙本宗，二别陈末所执。此则标部叙本宗也。总举讫，下别陈。

谓四部同说：诸佛世尊皆是出世。

述曰：自下别叙。然与诸部不同处，下因释文一一对叙，此部意说，世尊之身并是出世，无可过故，唯无漏故。谓诸异生说名为世，可毁坏故，劣诸圣故。二乘有学，下过异生，劣无学故。二乘无学，下过有学，劣于佛故。非超彼之身，唯无漏故，非不可坏，犹立世名。唯佛世尊下过一切，无所劣故，不可毁坏，超过毁坏，皆是出世。约人为论，无漏身故，萨婆多等其义不然。

一切如来无有漏法。

述曰：约法为论，十八界等在佛身时皆名无漏，非漏相应，非漏所缚，故名无漏。佛所有三业，皆亦是无漏，故诸如来无有漏法。除此四部，所余诸部，佛皆不然。

诸如来语皆转法轮。

述曰：佛所说语皆为法轮，故佛法轮非唯八道。萨婆多说八圣道支是正法轮，见道称轮，亦非佛语皆为转法轮。今此部说，非唯见道独名为轮，佛所说语无非利益，故佛所说皆是法轮。摧伏转动，说名为轮。佛语转动在他身已，摧伏他身无知惑等，故称为轮。佛问阿难天雨不，问诸比丘汝调适不，是何利益，名为法轮？

答：此皆利益，为令阿难审谛事故，佛无不知尚问天雨，况未圆智不审谛耶？欲除余人增上慢故。佛知尚问，况不知者于余未知诸法性相不审谛耶？如是多义，问诸比丘汝调适不，显慈悲故。若不问者，谓佛无慈悲，不知弟子安危之事，故发问耳。为令比丘欢喜修道，佛问说我，生大欢喜而修学道故，亦令未来行此事故。由如是等种种因缘，故佛所语皆转法轮，此法轮体，即佛所有名句声等教法为体。

佛以一音说一切法。

述曰：佛经多时，修习圆满功德神力，非所思议，以一音声说一名字，令一切有情闻法别解，除自尘劳，即由一音中能说一切法，故令诸闻者皆别领解粗细义故。萨婆多等即不许然，至下当知。

世尊所说无不如义。

述曰：佛所说语令他利益，无有虚言不利益者。义谓义利，皆饶益故。萨婆多等说佛世尊亦有不如义言，对之故也。又佛所说皆无过失，称可道理，不可立难，名为如义。又佛所言无四种失：一无非处，二无非时，三无非器，四无非法。处谓处所，应利益处。时谓时分，利益之时。器谓机宜。法谓教法，戒、定、慧等应利益法，必不错说。

如来色身实无边际。

述曰：此部意说，佛经多劫，修得报身圆极法界，无有边际。所见丈六非实佛身，随机化故。真谛法师云：佛身有三无边，一量无边，随其所宜现大小身故。有小无大，有大无小，可说有边。不可定说身量唯大，故言无。二数无边，若有多众生于一时中各宜见佛，佛能现多身，身数不定，故言无边。三因无边，佛身诸法，一一皆以无量善根为因起故，名因无边。此理不然。萨婆多等诸部许亦有此三无边，有何差别？而今叙之。今此意说佛之报身无有边际，异于诸部，故别叙之。验此一理，诸理参差，不繁广叙一一差殊。

如来威力亦无边际。

述曰：此部说佛所有神通名为威力。威德神力，故名威力。说不作意，一刹那中，能遍十方一切世界。诸部说佛不作意，但及三千大千世界；若作意时，能遍十方。今说佛不作意亦能遍十方，故真谛法师已有广引。

诸佛寿量亦无边际。

述曰：报身无限，多劫修得，故实寿命亦无穷尽。为利有情，多劫修道，有情界不尽，寿命亦无穷，利益有情无息日故。若随宜化亦隐双林，若由神足引令寿长，诸部何别？今说实命，故无边际，异诸部也。

佛化有情令生净信，无厌足心。

述曰：佛化有情，令彼有情深生信乐，佛无厌足之心。此部意说，佛利益心无厌足故，不入涅槃，慈悲无限，寿命无际。若有有情宜佛显现利益安乐，王宫等生，成佛化导，宜显现缘息，便化入涅槃。由心无厌足，故留报身。穷未来际，化作随类形，方便教化，言无厌足。不同余部显现化缘既毕，真实报身永入寂灭，心有厌也。

佛无睡梦。

述曰：睡心昧略，唯居散位故。佛无不定心，故无有睡。梦由思想欲等所起，佛无此事，故亦无梦。萨婆多师许佛有眠而无有梦，以无妄思欲念起故。不染无知，能引梦起，佛无不染无知障故，其梦遂无。亦有诸部许佛有梦，故合而言佛无睡梦。

如来答问不待思维。

述曰：此部意说佛无加行，不思维所说名句字等，方为他说，任运能答。诸部所说，佛虽无作意、加行方答，然缘所说名句字等，方答他难，今此任运，不假思维。

佛一切时不说名等，常在定故，然诸有情谓说名等欢喜踊跃。

述曰：此部意说诸佛说法，任运宣说，不须思维名句文等，任运自成应理言教胜名句等，常在定故，不思名等。然听法者，谓佛为其思维名等而宣说法，有此应理言教现在前，深生欢喜踊跃无量，依教奉行。即是无思自成事义，谓佛不思名句文等，任运自成胜名句文，有情谓佛思名等，故方始为说，欢喜自庆，踊跃进修。诸部不然，即佛虽无加行思虑，实亦思维所说名等，编次如法，方为他说，故此所言异诸部也。

一刹那心了一切法。

述曰：除佛余心虽缘共相，一刹那心亦缘自性，能了一切法，然不能证了其差别。佛经多劫，陶练其心，了一切心，无过佛者。故佛一刹那心能了一切法差别自性，而能证知。余部佛心一念不能了一切法，除其自性相应共有，今此一念亦了自性相应共有等法差别自性，故异余宗。

一刹那心相应般若知一切法。

述曰：此明佛慧，一刹那时与心相应，亦能解知诸法皆尽，圆满慧故。至解脱道、金刚道后，一念之间即能解知诸法自性，不假相续方知法尽，皆亦解知，慧自性故。前明心王了别法尽，今明智慧解知法尽，作用无异。

诸佛世尊尽智、无生智恒常随转，乃至般涅槃。

述曰：此等部说佛十八界皆是无漏，佛无漏智恒常现前，于一一刹那乃至般涅槃。宗有二智，谓尽智、无生智。即观现苦灭名为尽智，观未来苦不生名无生智。于一切时，一体二用，恒相随转，即说二用为二智现前。萨婆多等佛尚有无记心，何况二智许恒现起。或无漏智佛恒现前，漏尽身中恒现前，故名为尽智；无生身中恒现前，故名无生智。萨婆多等身即可然，智即不尔，故是异义。问：前明无边，言佛报身无穷尽日，何故此言二智现起至般涅槃，化身有般涅槃，报身不尔故？答：虽实报身无入涅槃之日，设有情界尽，于未来际有涅槃时，尽无生智恒常随转。意显二智无间断时，非显报身有涅槃日。

一切菩萨入母胎中，皆不执受羯剌蓝、頞部昙、闭尸、键南为自体。

述曰：羯剌蓝者，此云杂秽，父母不净，言杂染可厌恶故名秽。頞部昙，此云疱，其渐稠系，犹如疮疱。闭尸，此云凝结，彼呼熟血，亦言闭户，日积渐长，乃为凝结。键南，此云厚，渐凝厚也。《五王经》说：一七日成杂秽，二七日如疱，三七日已凝结，四七日渐凝厚。菩萨入胎，不资不净，亦不有此渐渐增长，谓若入胎即具根大。既皆顿圆满，至盖罗奢佉，盖罗奢佉此名具根，至五七日，即名此位，即显菩萨别有清净造色大种、诸根顿具以为自体，不用不净，故非渐长。资不净者，有此渐长，在前四位渐长之时受逼迫故。问：此菩萨为最后身，为是一切？答：今说一切后身菩萨，不论已前，已前位中未必如此。

一切菩萨入母胎时，作白象形。

述曰：此部中说都无中有，其白象形是何事物？故今意显白象形是入胎之相，非中有身，非谓菩萨圣人中有翻作傍生。以象调顺，性无伤暴，有大威力，如善住龙，故现此仪。意表菩萨性善柔和，有大势力。师子王等虽有威力，然多伤杀，故圣不现师子之形。家依法师虽有广义释白象形，然说此是菩萨中有，恐乖宗旨，此部本宗无中有故，寻者自知。

　　一切菩萨出母胎时，皆从右胁生。

　　述曰：顶生人中胜福，从人首生。余类下业所招，从下门出。菩萨位超物表，道出尘外，情无偏执，恒履中道，为表于此，从胁而生。处胎之母，无含孕之忧，出腋又无剖腹之痛。从胁而生，理越恒品。问：胁有左右，何不从左？答：诸方所重，左右不定。此方贵左，西土重右。右是吉祥，故从右出。问：菩萨腹中亦有迫迮、瞑暗、臭秽诸恶事也？答：无。一处宽大，二恒光明，三极清净。表生已后，亦离三缘，一轮王喻于迫迮，二生死譬若暗瞑，三既证菩提，天魔等娆，如于臭秽，是故菩萨都无迫迮、瞑暗等事。

　　一切菩萨不起欲想、恚想、害想。

　　述曰：此部中说入第二阿僧祇即名圣者，从此已后乃至百劫，更亦不起此三种想，况最后身复起三想。不同诸部犹许佛起。

菩萨为欲饶益有情，愿生恶趣，随意能往。

述曰：诸部所说得忍已去，不生恶道。今此部说，得圣已去，愿生恶趣，犹能生彼。一如轮王生，众生皆乐，菩萨生恶趣，彼生皆苦少；二为增厌怖心，若数经苦，增厌心故；三为平等救济，不救恶趣，唯救善道，救拔之心不平等故；四坚固忍辱，若无苦时，如何忍辱，菩萨大悲，神通自在，随愿即往。此适名往，彼趣名生，住终亦尔，皆自在故。菩萨有三位：一、不定位，即初劫；二、定位，即第二劫；三、受记位，即第三劫。初虽有愿，未得生彼。后二位中，随意能往。

以一刹那现观边智，遍知四谛诸相差别。

述曰：谓见道后边更别起智，一刹那顷能知四谛诸相差别。其见道中虽亦一刹那能知四谛，然但总了，未能别知意断惑，故未正分别，未能取四谛差别之相。若即说此知差别智是见道者，何故名边？若不言边，本宗末宗二复何异？俱真现观差别智故。

眼等五识身，有染有离染。

述曰：此有二说：一说为加行引生圣道，如见道时圣道便起，故名离染，非能断染；二说既许五识体通无漏，说能离染，其理无疑，即见佛识能断烦恼故，然修道中起此五识。

色、无色界具六识身。

述曰：三界之中许皆有色，微细根大于彼得有，故无色界具六识身，以义准知。上界亦有香、味二境，但小异故，略而不举。既尔，彼缘自香、味境，此虽不说，上界亦有香、味境故。即有无色界具十八界，此中略不言亦有根等故。问：无色既有色，何名无色界？答：有细无粗色，故名无色界。问：色界色非粗，应名无色界？答：色色虽胜欲界，然劣无色色，但可名色界，不得无色名。问：无漏之色胜无色色，应名无色？答：由非业果，复非堕界，故彼虽极细，不可言无色。故堕界中有极细色无粗色者名无色界，非无表等得无色名。

五种色根，肉团为体。

述曰：契经中说眼谓大种所造，乃至各别坚性坚类，故知眼等五色根皆肉团为体，无别净色。非净色故，根不得境，故次说言。

眼不见色，耳不闻声，鼻不嗅香，舌不尝味，身不觉触。

述曰：根体非净色，如何见色等？故识能了，非根有能。

在等引位，有发语言，亦有调伏心，亦有净作意。

述曰：在等引位之心，不唯缘定境，故一心内得有多缘。亦缘语业，许发言故。未见定中许发身业，身是定依。依动之时，心随动故。调伏心者，谓缘定境心，其心柔顺，故名调伏。此显发语亦住定心，非谓住散心方能起语业，即此调伏定心之内亦有净作意。散境刚强，非极调顺，故名有净。净是过失之异名也，缘散境心，名净作意。此中意显一定心中亦有发语，一心二境，一定心内亦取散境；一心二缘，此加行时唯缘定境，后多相续在等引心。设更异缘，不失旧境，虽亦缘散，仍名定心。又不可解言一定心中许亦起染识名净作意，若即染心，染净乖故。若更别识，本计识、识不并生故。不尔，便违本宗所说，末宗方说诸识俱故。

所作已办，无容受法。

述曰：所作已办，谓诸无学无容受法，不取于境差别相故。若缘境时，但知因缘所生之法，不执不取境差别相。无容受者，不执取义。萨婆多等无学亦取境差别相别。旧解云：无二处所，一所着处，二受生处。前因后果，其义未详。

诸预流者，心、心所法能了自性。

述曰：一切预流，皆知自得预流果证，不待寻教他言方了。又说彼心等一刹那顷能了自性，异余部宗。虽诸异生能了自性，后三果等皆悉如此，异生未明了，举初圣果故。

有阿罗汉为余所诱，犹有无知，亦有犹豫，他令悟入，道因声起。

述曰：大天分部，大众承其苗裔。今陈五事旨，意同前文证成宗义，不烦述。

苦能引道。

述曰：苦即苦受，能为无间引生圣道。问：为引何道？答：引生修道，见道之前不可起故。违四善根，理必应尔也。

苦言能助。

述曰：谓数言苦，厌离世间，亦能助满圣道所作。

慧为加行，能灭众苦，亦能引乐。

述曰：谓戒、定等不能为加行，能灭众苦，又亦不能引得涅槃菩提胜果乐，唯慧能故。

苦亦是食。

述曰：地狱有情得热铁团，亦持寿命，故苦是食。如是总许三受名食。

第八地中亦得久住。

述曰：从阿罗汉为第一，数至预流向正当第八。此部意说，如须达长者一时施食供养僧时，于空中有天语曰："此预流向，此预流果。"乃至广说，既许初向受施食饭，明知亦得出见道观。虽知一心观四谛理，断惑未尽亦得出观。如先观欲界四真谛理，断欲界惑，而且出观受须达施。后时复入，方双断上，故预流向亦住多时，不言经生得住向理。旧说初果但有七生，据欲界说，然上界处处各有一生。此向亦尔，故得经生。未详此理，不言初向经几生故。

乃至性地法，皆可说有退。

述曰：性地法者，即世第一法，如《毗婆沙》第三卷说："此说从发心乃至第一法，皆说有退。"以世第一法多念相续，故便有退，非退初果时其亦随退。今名为退，未至初果住性地时便有退故。

预流者有退义，阿罗汉无退义。

述曰：初果但以一见无漏断诸烦恼而未兼修，又其身中犹惑未尽，所修圣法，尚未圆满，所得圣道既未坚牢，故可有退。其第四果理即相违，如何有退？问：第二、三果有退无退？答：但如初果亦有退者，其理不疑，故论不说。

无世间正见，无世间信根。

述曰：世间虽有慧及信，体无胜用，故不说为根。但无漏慧断惑证灭，无漏信根于戒三宝皆得证净，有殊胜用，故得名根。问：世间道品亦有五根不？答：无，要无漏时方名根故。然无漏位约义别说为根力等，于理无违。

无无记法。

述曰：随一一境所望不同，善恶业感各有异故。善感名善，恶感名恶，故无无记。问：既无无记，上二界惑其性是何？答：唯不善。问：二通变化心，其性是何摄？答：是善性摄。

入正性离生时，可说断一切结。

述曰：结与烦恼，一体异名。结是系缚义，圣人已无。烦恼扰乱义，入圣犹有。故入见道可名断一切结，永不系缚。在生死故，其诸烦恼理可说有。

诸预流者，造一切恶，唯除无间。

述曰：十恶业道，预流犹造，唯除五无间，以极重故。以此凡圣难可分别。问：如何初果得不坏信，造十恶业犹有坏戒？答：入观证净，出观行恶，亦不相违。问：若尔应入观不疑三宝，出观便疑？答：疑但迷理，初果总无。十恶业道，其事微细，初果犹有。

佛所说经，皆是了义。

述曰：佛所出语，皆转法轮，契当正法，故名了义。劝依了义经，谓佛所说；不依不了义，外道教等，故佛说经皆是了义。问：如经中说杀害于父母，至是人说清净，此密语经，有何了义？答：有情长因恚爱生故，说二结以为父母，皆契正理，宁非了义？

无为法有九种。

述曰：种谓种类，无为不同有九种也。

一择灭，二非择灭，三虚空。

述曰：此前三种，体皆一物，显有分位，非体成多。余释名等，不异诸部。

四空无边处，五识无边处，六无所有处，七非想非非想处。

述曰：此四无色所依之处，别有无为是灭所摄。要得此灭，依之生彼。能依细五蕴，自是无常；所依四无色，自是常住。然四静虑无别所依，无为所摄，以蕴非极细，界非极胜，能依心等，能缘上下，无隔碍故。无色不然，心不缘下，既有隔碍，别有无为为所依处，故不为例。然空作空观，空无粗色，非全空色说名为空。释余名等，皆准常释所依随蕴以立其名。

八缘起支性，九圣道支性。

述曰：缘起支性，谓生死法，定无明后方生行等，定行等前有无明等。此理是一，性常决定，其无明等十二支分，是有为摄。理是无为，一切圣道，性能离染。理是常一，其八差别，自是生灭；理是无为，此由生死及于圣道各别有理为疑核。故性相决定，生死必先无明等起，圣道必能出离苦等。一切圣道，理虽定然，此中举胜，且举八道。

心性本净，客尘随烦恼之所杂染，说为不净。

述曰：无始以来心体自净，由起烦恼染，故名染烦恼。非心无始本性，故立客名。问：有情无始有心称本性净，心性本无染，宁非本是圣？答：有情无始心性亦然，有心即染，故非是圣。问：有心即染，何故今言心性本净，说染为客？客主齐故？答：后修道时染乃离灭，唯性净在，故染称客。

随眠非心非心所法，亦无所缘。

述曰：随眠即是贪等，随眠亦有十种。在无心位起善等时名异生等，但由随眠恒在身故。若是心所，无心等位应是圣人，无烦恼故。非心、心所，故无所缘。有所缘者必彼心所。

随眠异缠，缠异随眠，应说随眠与心不相应，缠与心相应。

述曰：缠谓现起诸烦恼等，随眠与彼其性各异。缠是心所，与心相应。随眠既非现，无相应义，即十随眠不相应摄。

过去、未来非实有体。

述曰：现有体用，可名实有。去、来体用无，故并非实有。曾有当有，名去、来故。

一切法处非所知、非所识，是所通达。

述曰：法处即是意所对观，此非泛尔世俗智所知，亦非有漏散识所识，要于六通随分得者及见真理者之所通达。三无为等，要穷断结道等所知识，心所法等、他心智等所知识故。问：法处无表，非所知识，谁知谁识？答：其体微细，要得真理等方能知识，故亦非知识。问：意处既亦他心智知，应非所知，亦非所识，何不说耶？答：心体是粗，亦所知识。心所性细，不同于心，离心有体。此为难故，非所知识。问：世俗智缘三无为等，散识缘他心、心所等，此境是何？答：此但比量心缘法处，似法处非实法处。问：即非实是何处摄？答：如缘过未，体何处摄。今缘心所等，虽亦法处摄，非实法处，非所知识故。

都无中有。

述曰：设远时处死此生彼，既无中间隔，前灭后即生，故今不说别有中有。问：《七有经》等中有是何？答：如《俱舍》解。

诸预流者亦得静虑。

述曰：无漏道方能断结，故伏烦恼亦得静虑。既不断结，亦不得果。

如是等是本宗同义。

述曰：总结上义四部本宗之同义也。

此四部末宗异义者。

述曰：此生下文，是前四部之末执也。

如如圣谛，诸相差别，如是如是，有别现观。

述曰：前之二句，显四谛相各有差别。后之二句，显四谛智各各别观。相谓相状，即四谛相。如如者，指理非一义；如是如是，略名也。但所观境，说如如言；能观智中，置如是如是。前本宗义，真现观中一刹那智知四谛理，今显真观谛各别观。问：此既别观，为四心观，将十六心观耶？答：此见道所修故所缘四谛也。今此末宗中，以现观智观差别相，故可云十六心观。若本宗者，可云四心观，既言以边智知诸相差别故。

有少法是自所作，有少法是他所作，有少法是俱所作，有少法从众缘生。

述曰：总显诸法亦有作用，于诸法内有少法是自作用所作，有少法是他作用所作。非自作用，名他作用，非谓他身。有少法自他俱作用之所作也，有少法无实作用，从众缘生。诸部皆说虽无作用缘而有功能缘，今此末执有实作用自作法等，此显少法唯自作用所作等，非显此法少作用所作。

有于一时二心俱起。

述曰：本计诸识各别念生，末执一时二心俱起，根境作意力齐起故。

道与烦恼，各俱现前。

述曰：本计虽许别有随眠，然道时不言同念。今说随眠既许恒有，故圣道起，各俱现前。如烦恼得与道俱，故今言烦恼即是随眠。

业与异熟，有俱时转。

述曰：既无过去业果异时业未尽时，恒有现在。果既现熟，故与业俱。受果若尽，未必同世。不同余宗，定不同世。

种即为芽。

述曰：许色长时方有生灭，故种子体即转为芽，非种灭时方有芽起。余宗种灭其芽乃生，故此不同，今叙之也。

色根大种有转变义，心、心所法无转变义。

述曰：色法，长时乃有起尽，故许乳体转变为酪。心、心所法刹那生灭，故不转前以为后法。此部计根即肉团性，故乃大种皆有转变，心等不然。

心遍于身。

述曰：即细意识遍依身住，触手刺足，俱能觉受，故知细意识遍住于身。非一刹那能次第觉，定知细意遍住身中。

心随依境卷舒可得。

述曰：诸部识等所依所缘皆先已定，大境小境、大根小根其识无始皆已定属。不可依小根识亦依大根，依大根识亦依小根，其境亦尔。故先皆定，谓缘青等，别总识等皆先定故。此部不然，无先所依所缘定识定属此根此所缘境。若依大根，又缘大境，心随根境，便即言舒。舒者展义，即成大也。若依小根，又缘小境，心随根境，便即言卷。卷者缩义，即成小也。此中言依，即所依根。又言境者，即所缘境。识既无定属，故异诸宗。

诸如是等末宗所执，展转差别有无量门。

述曰：此总结指更有多门，不能广引。

其多闻部本宗同义。

述曰：次第二段叙多闻部，于中有二：初标部叙本宗，后略指余同执。此即初标部叙本宗。其解部各释本宗义，皆如上释，下不重解。

谓佛五音是出世教，一无常，二苦，三空，四无我，五涅槃寂静，此五能引出离道故。

述曰：音谓音声，即是教体。此音声教，能超世间，亦能引他出离道起，故名出世。谓诠无常、苦、空、无我、涅槃寂静，此五教声必是出世。若离此五，虽八道支、七觉等教皆非出世。其八道等作此行相，亦是出世，余皆准知。谓此五教，闻皆利益，称可法体，既非不了义，亦非方便说，定是出世。论文但以一实义，解此五能引出离道故，是出世教。余教设能引出离道，不决定故，亦非出世。

如来余音是世间教。

述曰：既不决定引出离道，故今总说是世间教。

有阿罗汉为余所诱，犹有无知，亦有犹豫，他令悟入，道因声起。

述曰：五事既为诸部净首，今犹计有义意同前。

余所执多同说一切有部。

述曰：自下第二略指余同执。虽引大众后起多闻，所执殊轮同说有部，次当广解，故不叙之。

其说假部本宗同义。

述曰：次第三段文别有二，如上所释，此亦标部叙本宗也。

谓苦非蕴。

述曰：苦者逼迫义，蕴体非逼迫，故非是苦。次下论云：诸行相待，假立苦故。色等诸法，有义名苦，其实非苦。如无间果，体实非苦，所感诸蕴，有苦相合，说名苦蕴，其体非苦。生灭等法，并非行苦，其蕴等上，业皆实有。

十二处非真实。

述曰：以依积聚，缘亦积聚，积聚之法皆是假故。虽积聚假，义释于蕴，蕴体非假，无依缘故。现在世之识，不名为意。入过去时，方名意处。依止义成体非现在，亦非实有。问：十八界等若为假实？答：亦有依缘积聚假义故，此亦非实。

诸行相待，展转和合，假名为苦，无士夫用。

述曰：此释苦者现在之缘，二种行法相待名苦，非由现在士夫作用方有苦也。或有解言，欲界劣上界，欲界名苦，乃至有顶劣无漏，有顶名苦，故言相待。无由士夫，乃有苦也。问：如人打等，见苦是何苦？答：此亦诸行相待名苦，义准应知。

无非时死，先业所得。

述曰：诸非时死，皆先业得。无由横缘，有非时死。过去曾行此横缘故，今方横死。非无先业，今横有果，其转寿业、作福业故。而便短寿者，旧有先业，今由现缘。

业增长为因，有异熟果转。

述曰：唯业殊胜，方能感果得等余法，不招异熟。要业功能得果时，其相用增长为异熟因，方感果故，余即不尔。

由福故得圣道，道不可修。

述曰：现见修道不能得圣，故知圣道不可修成。但由持戒、布施等福得圣时，其便成圣果，故不可修慧力得圣。问：现见修道不得圣，即说由福得。现见布施不成圣，应说道由修？

道不可坏。

述曰：一得以去，性相常住，无刹那灭，故不可坏。

余义多同大众部执。

述曰：略明指同余部也。

其制多山部、西山住部、北山住部，如是三部本宗同义。

述曰：其第四段文别有二，亦准前知。此即标部序本宗也。

谓诸菩萨不脱恶趣。

述曰：未得忍位，犹是异生，此诸菩萨不能脱离生恶趣故，犹生于彼。

于窣堵波兴供养业，不得大果。

述曰：以无情法不能受施，利益施主生欢喜心，故无大果少福可成，由此准知。以物施法亦无大果，是此宗义。窣堵波者，此云高胜处，即安舍利高胜处也。

有阿罗汉为余所诱，此等五事及余义门，所执多同大众部说。

述曰：此下第二略指同他执，其文可知，故不烦述。

其说一切有部本宗同义者：谓一切有部诸法有者，皆二所摄：一名，二色。过去、未来体亦实有。一切法处皆是所知，亦是所识及所通达。生、老、住、无常相，心不相应，行蕴所摄。

说一切有等，谓一切有者有二：一法一切，谓五法，即心、心所、色、不相应行、无为；二时一切，谓去、来、今。各对诸部，名色摄一切法。色相粗著，易知其体，称之为色。四蕴无为，其体细隐，难知相貌，以名显之，故称为名。一切法处所知所识所达者，此部意谓心、心所等体相相似，心既许知，识即心所，何不说为法处？皆许世俗智知，有漏识识，得六通达真理者之所通达。生、老、住、无常，行法蕴所摄，对经部等无不相应者，非行蕴故。

有为事有三种，无为事亦有三种。三有为相别有实体。三谛是有为，一谛是无为。四圣谛渐现观。依空、无愿二三摩地，俱容得入正性离生。思维欲得入正性离生，若已得入正性离生，十五心顷说名行向，第十六心说名住果。

有为事有三等者，有为谓三世，无为谓择、非择及虚空。空、无愿入正性离生者，此二在苦谛四行相故得入正性。空摄空、无我，无愿摄苦、无常，故见行依空，爱行依无愿。见行有二：一我见增上，二我所见增上。我见增上，依无我空三摩地；我所见增上，依空空三摩地。爱行亦二：一懈怠增，依苦，生死多苦，勿着懈怠放逸乐故；二我慢增，依无常无愿三摩地，以皆是无我勿起我慢故。

世第一法一心三品，世第一法定不可退。预流者无退义，阿罗汉有退义。非诸阿罗汉皆得无生智。异生能断欲、贪、嗔恚。有诸外道能得五通。亦有天中住梵行者。

世第一法三品，谓三乘人成三品。就声闻中退、思二是下；护、住、堪达三人是中，不动是上。然是下唯成现分，下不成中，中、上亦尔。天中亦有梵行，行淫近女名非梵行，住天中有性离此事。如经说一比丘精进持戒，至夜洗足。洗足盆中有承足台，有蛇绕住。比丘不见，引足于中，遂被啮杀，生忉利天欢喜园中。凡诸天生，皆天男或天女膝。此既生园，已异常天。众天女前，皆欲收抱，其新生天，手掷言曰："皆勿近我。"彼天女怪，白天帝释。天帝释乃令以镜照之，新生之天，见己身影，头有天冠，身具璎珞，非是昔日出家之仪，深生自悔，更增厌欲。天女以此具白天帝，天帝闻之，躬自礼敬，知昔人间出家持戒。遂送安处天仙之园，故知天中有梵行。

七等至中觉支可得，非余等至。一切静虑皆念住摄。不依静虑得入正性离生，亦得阿罗汉果。若依色界、无色界身，虽能证得阿罗汉果，而不能入正性离生。依欲界身非但能入正性离生，亦能证得阿罗汉果。

七等至有觉支，谓四禅定三无色，略不言未至中间，但别诸部，非想欲界有觉支故。

北俱卢洲无离染者，圣不生彼及无想天。四沙门果非定渐得。若先已入正性离生，依世俗道有证一来及不还果。

北俱卢洲无离染者，以纯乐无苦可厌。其六天中犹有苦故，故能离染。

可说四念住能摄一切法。一切随眠皆是心所，与心相应，有所缘境。一切随眠皆缠所摄，非一切缠皆随眠摄。缘起支性定是有为。

念住有三：一、自性即慧，二、所缘一切法，三、眷属五蕴。性缠有非随眠，随眠但有七。缠通一切惑，三世烦恼皆是缠，非如十八缠等。

亦有缘起支随阿罗汉转。

亦有缘起随阿罗汉者，几支随转耶？答：无明、爱、取是或生、老死在未来定无。若中有中得阿罗汉果，是生支方便，容许有生。若于识支不得果者，以一念故，其受支中亦得果定不随转。名色、六处、触三支中有说亦得果，先生已修习，今至名色、识，容起圣道故。若作此说，名色、六处、触中入涅槃名生般。受中分有行、无行，有说名色、六处、触三支犹根，未明即非。但不能起圣道，无得果理，唯在受、爱支之中分三种般。若依前释，即四支随阿罗汉。后释即一支，其业已得果，行分摄未得果；有分摄，更无异有支随无学转。

有阿罗汉增长福业。唯欲、色界定有中有。眼等五识身有染无离染，但取自相，唯无分别。

有阿罗汉增长福业，更造新福，成福分善故。五识但取自性，唯无分别，约处为论。《五事毗婆》不许此事，亦无定量，唯无分别，无计度随念。

心、心所法体各实有，心及心所定有所缘。自性不与自性相应，心不与心相应。有世间正见，有世间信根。有无记法。诸阿罗汉亦有非学、非无学法。诸阿罗汉皆得静虑，非皆能起静虑现前。有阿罗汉犹受故业。有诸异生住善心死。在等引位必不命终。佛与二乘解脱无异，三乘圣道各有差别。佛慈悲等，不缘有情，执有有情，不得解脱。应言菩萨犹是异生，诸结未断。若未已入正性离生，于异生地未名超越。有情但依现有执受相续假立。说一切行皆刹那灭。

诸无学得静虑，离欲界欲，法尔皆成熟，故中间与根本同一时得解脱，二乘无别。唯断染无知，得不染无知，无得解脱理。佛慈悲不缘有情，有情实无，唯缘法故。

定无少法能从前世转至后世，但有世俗补特伽罗说有移转，活时行聚。即无余灭，无转变诸蕴。有出世静虑。寻亦有无漏。有善是有因。等引位中无发语者。八支圣道是正法轮，非如来语皆为转法轮。

定无少法能从先世至后世等，以我无故。若说假我，可有移转。随活时行，摄无余灭，法即灭故。不移至后世，无一实法转变至后世。前实我无转，今法实无转，皆破实我法。

非佛一音能说一切法。

非佛一音说一切法，虽说诸法无我，不能说一念为无我，故如无我观。此宗自体不缘自体，以名自体故。

世尊亦有不如义言。佛所说经非皆了义，佛自说有不了义经。此等皆为本宗同义，末宗异义其类无边。

佛有不如义言立有二：一义利，谓说正问天雨不，有何义利；二义谓道理，即实法体；谓方便说，不称实法，谓杀父母等。

其雪山部本宗同义：谓诸菩萨犹是异生。

其雪山部谓菩萨是异生，即同萨婆多三劫百劫俱是异生。

菩萨入胎，不起贪爱。

不起贪爱，即异说一切有。为利益故，知生受生，故无贪爱。

无诸外道能得五通。

无外道得五通，以邪教故，无得通理。若内异生，依内教故，有得通理。

亦无天中住梵行者。

亦无天中住梵行，以天女乐具，悉皆增胜，若生彼者无住梵行。

有阿罗汉为余所诱，犹有无知，亦有犹豫，他令悟入，道因声起。余所执多同说一切有部。

有阿罗汉为余所诱等五事，本上座部为此五事与大众诤，所以分出。今复许立，何乖本旨？初与大众乖诤之时尚未立此，至三百年满，与说一切有诤。说一切有得本宗，故无五事。旧上座弟子失本所宗，乃立五事。是知年淹日久，圣隐凡生，新与旧殊，复何怪也？

其犊子部本宗同义：谓补特伽罗非即蕴离蕴。

其犊子部谓补特伽罗非即蕴离蕴，谓实有我，非有为无为，然与蕴不即不离。佛说无我，但无即蕴离蕴，如外道等所计之我，悉皆是无，非无不可说。非即蕴离蕴我，既不可说，亦不可言形量大小等，乃至成佛，此我常在。

依蕴处界，假施设名。

依蕴处界假施设名者，谓我非即离蕴，处、界亦尔。然世说言色是我，乃至法亦是我，但依蕴等假施设此我名，我实非蕴等。

诸行有暂住，亦有刹那灭。

诸行有暂住亦有刹那灭者，即正量部计，从此流出心、心所法，灯焰铃声念念灭，色法中如大地经劫，命根等皆随一生长，犹有生灭等。

诸法若离补特伽罗，无从前世转至后世，依补特伽罗可说有移转。

诸法若离等者，此中意说法无移转，可说命根灭时法亦随灭。然由我不灭，故能从前世至后世，法不离我，亦可说有移转。

亦有外道能得五通。

亦有外道得通，现见有修得故。

五识无染，亦非离染。若断欲界修所断结，名为离欲，非见所断。

五识无染亦无离染，但有无记，都无善恶，无分别故。有分别者有善恶故。若断欲界修所断惑等者，以修惑唯迷事有，不障理有。有漏六行既非证理，故唯伏修，非见所断，见所断法迷理起故。要见理时方能永断，凡圣六行皆尔，离色界等亦尔，此中且举欲界。

即忍、名、相、世第一法，名能趣入正性离生。

即忍、名、相、世第一法，初观四谛，但总忍可，

名忍；亦观四谛，名名；次观四谛所诠体，名相；世第
一法可知，此根本所诵，但说此四而为善根。

若已得入正性离生，十二心顷说名行向，第十三心
说名住果。

若已入正性离生十二心等者，此中谛别有三心：一
苦法智，即观欲界苦；二苦法忍，后观欲界苦谛，惑断
未断，以犹有上界惑，故重观断等；三苦类智，即合观
色、无色界苦，以苦谛三界尽故，不复重观。故合十二
心。第十三心或说即道类智、第二念相续心，或总观四
谛心。次第超越，得果皆尔，次第得第二、三果如常。

有如是等多差别义。因释一颂执义不同，从此部中
流出四部，谓法上部、贤胄部、正量部、密林山部。所
释颂言：已解脱更堕，堕由贪复还。获安喜所乐，随乐
行至乐。

法上等四部执义别，四释一颂，以旧四释：
（一）阿罗汉中有退、住、进，初二句释退，次一
释住，后一释进。（二）三乘无学，初二句释阿罗汉，次
一释独觉，后一释佛。（三）四果有六种人：一、解脱人，
即预流，初得解脱故；二、家家人，即第二果向；三、
一来果人；四、一间人；五、不还人；六、阿罗汉。已

解脱一，更堕二，堕由贪第四人，复还者第三人，第三句第五人，第四句第六人。（四）六种无学，退、思、护、住、堪达、不动。已解脱是第二人，更堕是第一人，堕由贪是第三人，复还是第四人，第三句第五人，第四句第六人。

其化地部本宗同义：谓过去、未来是无，现在、无为是有。于四圣谛一时现观，见苦谛时能见诸谛，要已见者能如是见。

化地部于四圣谛一时现观，此是见道。作共相空无我观，入空无我，遍观四谛，见苦谛时至能如是见，此是修道。若别观四谛相，于修道中见苦谛时，能观余三谛。如一意识总缘五蕴，十种色一时之中能差别知，此非见道。要已总观见谛理者方能如是，故修道中能如是见。

随眠非心亦非心所，亦无所缘，与缠异。随眠自性、心不相应，缠自性、心相应。异生不断欲、贪、嗔恚。无诸外道能得五通。

随眠非心等如常释。异生不断欲、贪等者，意说六行不断烦恼但伏而已，如经部相似。一切烦恼上二界亦尔。此中且举欲、贪等，要无漏道方能断故。五通外道不得，以邪教故。能飞等是何？是咒药，神鬼等知宿住等俱非通也，不能无拥故。

亦无天中住梵行者。定无中有。

亦无天中住梵行，以多乐故。定无中有，乾闼婆等是作乐神，引《七有经》如《俱舍》说。

无阿罗汉增长福业。

无阿罗汉增长福业，以无烦恼可长有漏业故。转福分等，是故业故。

五识有染亦有离染。

五识有离染，以见佛等为近无间，引生圣道，非如萨婆多远无间亦不得。又言五识亦在修道位，如见佛即得圣，亦能断结离染，非无分别。

六识皆与寻、伺相应。

六识有寻，思勘何部？

亦有齐首补特伽罗。

有齐首补特伽罗，即不还者生有顶地，不能起下无漏圣道。取无学果至命欲终，其结自尽。得阿罗汉乃般涅槃，名为齐首，谓生死之首。即有顶地以至极处更无生处，虽不起圣道亦成无学。

有世间正见。

有世间正见，不邪推求故。

无世间信根。

无世间信根，世间信等不坚固易转故，非增上不名根。

无出世静虑。

无出世静虑者，静虑者是粗，外道异生多皆能得，故唯有漏。此通色界六地，无色界如何，如静虑亦有漏。别有无漏九地，不名静虑，无漏故。此且举色界为定，然圣者别起六地无漏，入见道等不名静虑但名为定。

亦无无漏寻。善非有因。

无无漏寻，寻是粗，故唯有漏；伺是细，通无漏。八道支正思维唯有漏，助道支名道支，实非是道。善非有因，不为生死正因感故。若助不善业，令感人天，亦有此理。今非正因能感三有。若尔，色、无色业性类是何？是微不善业。感由善资助，故得如是。即不善业，通色、无色。

预流有退。

预流有退，初得道有修惑故。

诸阿罗汉定无退者。

阿罗汉无退，道满故。言退等者，但退禅定现法乐
住。中二果实退，如初得果故。

道支皆是念住所摄。

道支皆念住摄，念住谓取，慧、相应心所并名念
住，故摄道支。

无为法有九种：一择灭，二非择灭，三虚空，四不
动，五善法真如，六不善法真如，七无记法真如，八道
支真如，九缘起真如。

择、非择、空三体各一，得缘同余部。不动但是断
定障，得定障名，动是散动故。今断得此，故名不动。
善恶无记如三体各一，但名一理，性皆是善。道支缘起，
义同大众，然各一理。今据胜者，但言道支缘起。

入胎为初，命终为后。色根大种皆有转变，心、心
所法亦有转变。

入胎为初至心、心所法亦有转变，此中意说一期初

后之中色等有转变，如乳变为酪等性。非刹那生灭故有转变，心、心所法亦尔，然即非一切行皆刹那灭。又解色等虽性亦念念灭，然无去、来世，不同萨婆多前法灭已，后于未来法生至现在。今言前法于现在灭已，无别有法从未来来，但由前法为因力，故引后法。起后法即是前法为因转作，虽刹那灭，转变义成。

僧中有佛，故施僧者便获大果，非别施佛。

僧中有佛，佛入僧数故也。

佛与二乘皆同一道，同一解脱。说一切行皆刹那灭。

佛与二乘同一道同一解脱者，此部意说非佛与二乘一切种智作用亦同，然道是一。即声闻乃至为佛时，即旧道体不改，性类是同。转下成中，转中成上，故言一物了境作用如是不同。然非得果舍向，得胜舍劣等事，解脱唯择灭，断染无知。得一切刹那灭，二解同前。

定无少法能从前世转至后世。此等是彼本宗同义。其末宗异义者：谓说实有过去、未来，亦有中有。一切法处皆是所知，亦是所识。业实是思，无身语业。

定无少法从前至后，刹那灭故。无一实法从前至后。

寻伺相应。

寻伺相应，同萨婆多解。

大地劫住。

大地劫住，非刹那灭，同正量部等解。

于窣堵波兴供养业，所获果少。

供养窣堵波果少不同，有舍利、无舍利皆尔，无摄受欢喜利益故，乃至佛像法等并然。

随眠自性恒居现在。

随眠恒现在，恒居现为因，生诸法故。虽有过、未，现在不断。

诸蕴处界亦恒现在。

诸蕴处界亦恒现在者，云即种子，三科恒现在，唯能生诸法。五法定能缚，系缚有情不出生死。

此部末宗，因释一颂执义有异，如彼颂言：
五法定能缚，诸苦从此生，
谓无明贪爱，五见及诸业。

诸苦从此生，从五法起，谓无明等者。列五法名：
一、无明，三界无明也；二、欲贪；三、色、无色爱；
四、五见，有身见等；五、诸业，谓三业，所以唯说此五。又诸业有几，前说善非有因，无福不动业故。见道用胜，五见障理为首；修道用胜，贪爱缘事为首。五见缘内理，诸界行相同，但总言五见，贪爱缘事行相各别。欲界缘外门，上二界缘内，故分贪爱。然此二种见修用异，然通二道用胜为根本者，所谓无明，故略余惑此中不叙。又无明即无明支，贪爱即爱支，五见即取支，以用增故，业即行有。故此五法，常能缚得令识等七生。又上二界但不善业生，由微薄不善业善法资助感上生，亦非上二界有善业感故，言诸业谓身、语、意。

其法藏部本宗同义：谓佛虽在僧中所摄，然别施佛果大非僧。

法密部谓佛虽在僧摄等者，以别施佛，其心无简别，但为施世尊极上极胜，一心平等，恭敬无差，故得福多。若佛在僧亦兼施者，即心宽慢，又复大慢又起简别佛为无上，僧为有上，故普施僧果少别福。

于窣堵波兴供养业，获广大果。

于窣堵波供养得大果者，以佛舍利安在其中，见此处时如见于佛。其心既重，故得大果。以佛亦许供养舍利如佛无异，故果极大。法等亦然，不为无摄受便无大果，佛自开许摄受施故。

佛与二乘解脱虽一而圣道异。

佛与二乘解脱同等者，如文可知。

无诸外道能得五通。

无外道得五通者，以教邪故。通者运转无拥，故诸异生非佛弟子，泛尔坐禅，亦不得通，不能无拥故。有能飞腾如住劫等事，皆是咒药或鬼神等力之所加，非实通也。

阿罗汉身皆是无漏。余义多同大众部执。

阿罗汉身皆无漏者，此有二义：一非漏依故，无学蕴不起漏故；二非漏境故，虽生他漏，不增长故。如灭道谛，烦恼虽生不增长故。然无学蕴别有一类，异有学等。得无学时方起现前，故设退无学。住有学位起烦恼时，此有学蕴依缘得起。烦恼等者，此非无学身之五蕴，无学蕴灭，学蕴生故。然今此宗无学未必许有退义，然作此解于理无违。

其饮光部本宗同义：谓若法已断已遍知则无，未断未遍知则有。

饮光部若法已断遍知即无等者，法谓烦恼，未断之时过去有体，名有烦恼。若为无间已断，解脱遍知，过去烦恼，体即非有，不同萨婆多等其体独有。

若业果已熟则无，果未熟则有。

若业果已熟则无等者，既唯辨业业谓，若果未熟，过去有体；若果已熟，业于过去其体即无。然唯果法生已念念灭，不待已断遍知等。故解云此中唯于过、现，不说未来，以无体故。今准文意，无法以未来为因，以未来无故。然因后果前，故无以未来为因。又法已断知，言不简别，故许通未来于理无爽。

有诸行以过去为因，无诸行以未来为因。

有诸行以过去为因等者，此简萨婆多，现在以未来为能作因，未来以未来为异熟，后相应位有能作因故。

一切行皆刹那灭。

一切行皆刹那灭者，异犊子等。

诸有学法有异熟果。余义多同法藏部执。

诸有学法有异熟果者，此有二解：一即无漏不招有漏果。但前引后等流果等变异而熟，名有异熟果。此异熟果，体实无漏，萨婆多等不许名异熟故。二云即感有果。如初二果未离欲界，所有无漏感欲界果，不还感上界。类此应知，以烦恼未尽，无漏未圆故。

其经量部本宗同义：谓说诸蕴有从前世转至后世，立说转名。

经量部说诸蕴从前世转至后世，有实法我能从前世转至后世。问：此为常故转，为体无常，多相续住，名转内法外法耶？

非离圣道有蕴永灭。

非离圣道有蕴永灭，有漏六行，不能断烦恼，但名伏故。

有根边蕴，有一味蕴。

有根边蕴，有一味蕴，一味者，即无始来展转和合一味而转，即细意识曾不间断，此具四蕴。有根边蕴者，根谓向前细意识住，生死根本，故说为根。由此根故，有五蕴起，即同诸宗所说五蕴。然一味蕴是根本故，不说言边。其余间断五蕴之法是末起故，名根边蕴。

异生位中亦有圣法。

异生位中亦有圣法，即无漏种法尔成就。

执有胜义补特伽罗。余所执多同说一切有部。

执有胜义补特伽罗，但是微细难可施设，即实我也。不同正量等非即蕴离蕴，蕴外调然有别体故也。

三藏法师翻此论竟，述重译意，乃说颂言：

> 备详众梵本，再译《宗轮论》，
> 文惬义无谬，智者应勤学。

（据《续正藏》本，另参照一九二三年萍寄庐校印本）

3　读《异部宗轮论述记》

梁启超

本论之价值及传译源流

　　《异部宗轮论》者，世友菩萨叙述佛灭后五百年间印土教团分裂蜕变之状态也。《述记》序论云："人随理解，情见不同。别而为类，名为异部。所主之法互有取舍，喻轮不定，故曰宗轮。"命名之意，略具于是。佛教两千年来，循进化之公例，常为不断地发展，其最显著之迹，则由小乘而进为大乘也。大乘派别虽肇兴于印度，而实光大于中国，故治佛教史者多能言之。小乘派别，则虽在印度，所谓两部、四部、五部、十八部、二十部等名称，虽散见群籍，然语焉不详，学者憾焉。既不审小乘蜕变之迹，则大乘发展之途径，绝无由说明。于是生出两种偏至之论，其一则如中国相传旧说，谓佛在世时大乘教已圆满成立；其二则如欧洲多数学者所倡"大乘非佛论"。两说各驰极端，而皆非其真也。吾以为欲对于佛教史为系统的研究，宜破除小乘大乘名目，观其各派相互之影响，而察其教理蜕进之所由，而惜乎此类资料，缺乏已极也。本书虽极简略，不能使吾辈满足，且又为一派私言，持论不无偏至。然既别无他书能视此更完备者，则吉光片羽，其至可宝矣！

造论者世友菩萨，或译为天友（如世亲亦译天亲），或译音为婆须蜜。为伐苏蜜多罗，"禅宗"所谓西土第七祖者，即其人也。《婆须蜜集》序文称其当继弥勒做佛名师子如来，则其道行阶位之尊崇，可以想见。其所著书译出，今存藏中者尚有《阿毗达磨品类足论》十二卷、《阿毗达磨界身足论》三卷（此即有名的《六足论》之二足说详次篇）、《尊婆须蜜菩萨所集论》十卷，别有《众事分阿毗昙论》十二卷，则《品类足论》之异译也。

《品类》《界身》二足，为说一切有部之宝典。据此可知，其为"有部"大师，但其年代，颇存异说。据《西域记》（卷三）言迦腻色迦王结集《大毗婆沙》时，世友实为首座，兹事在公历第二世纪初期，实佛灭六百年后矣！据《达摩多罗禅经》（卷上），则婆须蜜（世友）为优婆毱多之弟子，为僧伽罗叉之师。案毱多为阿育王师，罗叉为迦腻色迦王师，皆确有考证。两王相去三百余年，世友虽寿，断不容前后相及。彼若诚为邬多弟子，则当是公历纪元前百余年之人。若诚为罗叉师，则当是纪元后六七十年之人。今考《大毗婆沙》实解释迦多衍尼子之《发智论》，而《发智论》又似解释《六足》。然则著《品类》《界身》二足之世友，决当为迦多衍尼之前辈，无缘参预《婆沙》之结集，故多罗那达氏之《印度佛教史》，疑为有先后同名之两世友。（达氏为十七世纪之西藏人，著《印度佛教史》一书；一八六九年译成德文，在俄京出版，欧人治印度学者甚重之。）以吾臆断，则《西域记》所言世友加入结集，不过一种神话，殆非事实（说详读《毗婆沙》条下）但本论中述及佛灭四百年后事，则其能否逮事优婆邬多，亦成疑问。（邬多为阿育王师，王以佛灭后二百十九年即位。）要之，世友必为公历纪元前之人，而为"说一切有部"之耆宿，可断言也。

此书中国前后有三译本，今大藏中合为一卷，其目如下：

第一译　《十八部论》　译者　佚名

第二译　《部执异论》　译者　陈·真谛三藏

第三译　《异部宗轮论》　译者　唐·玄奘三藏

《十八部论》旧题为失译，但其颂文中有"罗什法师集"一语，其正文之"他鞞罗"三字下又夹注五字云："秦言上座部"也，据此则似出鸠摩罗什矣！但其发端冠以《文殊师利问经·分别部品》一篇，殆后人所羼增耶！（《文殊问经》梁僧伽婆罗译远在罗什后，此所录者其第十五品也。）真谛之《部执异论》与《宗轮》内容全同。慈恩《述记》言所以再译之故谓："昔江表陈代已译兹本……详诸贝叶。校彼所翻，词或爽于梵文，理有乖于本义。彼所悟者必增演之，有所迷者乃剪截之，今我亲教三藏法师玄奘以大唐龙朔三年七月十四日，于玉华宫重译斯本。"盖谓真谛本有舛误也。其舛误处，《述记》具辨，今不引。

大藏中只有《论》，而《述记》不存。唐代经录，亦未著录。唯日本有单行本，论文简略，不足餍心。慈恩躬承奘师，博极群籍，其所疏解，价值可推。翻刻流通，亦弘法者所当有事也。

二十部之叙述

《论》中首叙佛灭后百有余年无忧王（即阿育王）时，佛教徒因议大天（摩诃提婆）所倡异论五事（下详），分为"上座""大众"两部，后即于此第二百年中（秦译作百余年），由大众部分出三部：（一）一说部，（二）

说出世部，（三）鸡胤部（秦译作窟居部，陈译作灰山住部）。寻又分出一部曰多闻部（秦译作施设部）。寻又分出一部曰说假部（秦译缺，陈译作分别说部）。及第二百年满时，有一出家外道，亦名大天，重辩"五事"。因乖净复分三部：（一）制多山部（秦、陈译皆作支提山部），（二）西山住部（秦译作佛婆罗部，陈译阙），（三）北山住部（秦译作郁多罗斯罗部，陈译作北山部）。此百余年间，为大众部分裂时期。共分八部，合本部共为九部。〔陈译无西山住部，又将"支提""北山"合为一，谓大众部所属共七部，其致误之由，盖缘旧说皆言有十八部而本论所举实二十部，真谛欲强合"十八"之数，故任意合并，不知十八部云者不计两本部，二十部云者，则并本部算入也，《述记》已详驳之矣。〕上座部在佛灭后二百年中，一味和合。三百年初，有少乖净，分为两部：（一）说一切有部，亦名说因部（秦译作萨婆多部）。（二）即上座本部，转名雪山部。未几从说一切有部分出一部，名犊子部（陈译作可住子部）。寻又由犊子部分出四部：（一）法上部（秦译作达摩郁多梨部），（二）贤胄部（秦译作跋罗陀耶尼，陈译作贤乘），（三）正量部（秦译作三弥底），（四）密林山部（秦译作六城，陈译作密林住）。未几复从说一切有部分出一部，名化地部（秦译作弥沙塞，陈译作正地）。又从化地部分出一部，名法藏部（秦译作昙无德，陈译作法护）。至三百年末，从说一切有部分出一部，名饮光部，亦名善岁部（秦译作迦叶维，亦名优梨沙）。至四百年初，从一切有部复分出一部，名经量部，亦名说转部（秦译作僧迦兰多，亦名修多罗；陈译作说经部，亦名说度部）。此百余年间，为上座部分裂时期。共分十部，合本部为十一部。列表如下：

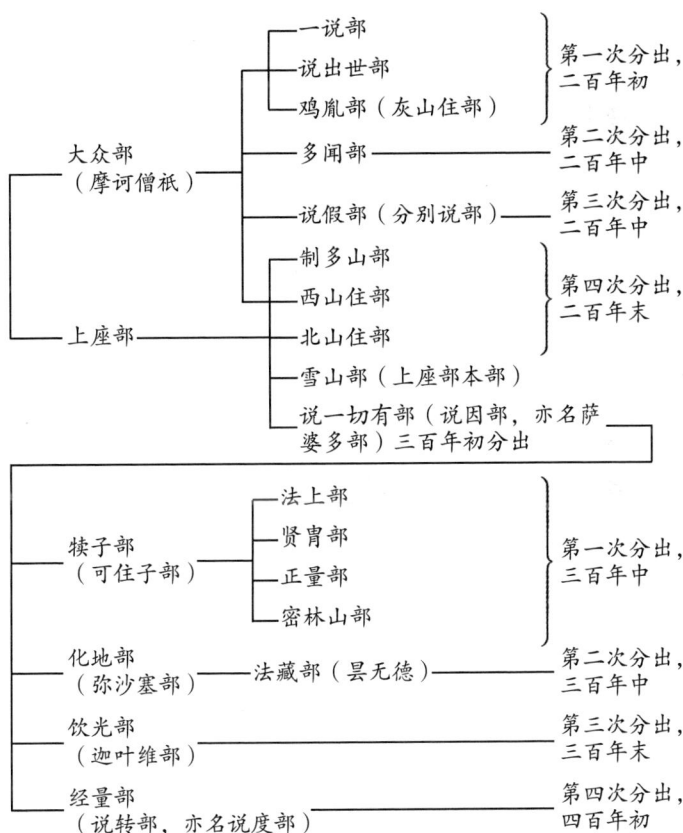

```
                        ┌─ 一说部
                        ├─ 说出世部        ┐ 第一次分出，
                        ├─ 鸡胤部（灰山住部）┘ 二百年初
        大众部          ├─ 多闻部 ────────── 第二次分出，
        （摩诃僧祇）      │                    二百年中
  ┌─────┤              └─ 说假部（分别说部）── 第三次分出，
  │                                           二百年中
  │                     ┌─ 制多山部
  │                     ├─ 西山住部         ┐ 第四次分出，
  │     上座部 ─────────┼─ 北山住部         ┘ 二百年末
  └─────┤              ├─ 雪山部（上座部本部）
                        └─ 说一切有部（说因部，亦名萨
                            婆多部）三百年初分出 ─────┐
  ┌─────────────────────────────────────────────────┘
  │                     ┌─ 法上部
  │     犊子部          ├─ 贤胄部          ┐ 第一次分出，
  ├─────┤（可住子部）   ├─ 正量部          ┘ 三百年中
  │                     └─ 密林山部
  │     化地部
  ├─────┤（弥沙塞部）── 法藏部（昙无德）──── 第二次分出，
  │                                           三百年中
  │     饮光部
  ├─────┤（迦叶维部）──────────────────── 第三次分出，
  │                                           三百年末
  │     经量部
  └─────┤（说转部，亦名说度部）──────────── 第四次分出，
                                              四百年初
```

考证及批评

据以上所叙述，析其条理如下：

（一）佛教分为两大派，耆宿长老为一团，曰上座部。此外多数青年信徒为一团，曰大众部。而上座部常以正统派自居。

（二）两派之分，在佛灭后二百年前后，即阿育王时，其动机在"大天五事"。

（三）分派后一百年以内大众部先分裂，共成九派。

（四）分派后逾一百年，上座部起革命，新派别为说一切有部（省称有部）。旧派退居雪山，仍袭上座名，而有部遂成为正统。

（五）有部成立后，百余年间，次第分裂，共为十派。合雪山之旧上座部，则十一派。

上骘实是否完全正确，试参考他书一评骘之。

第一，上座、大众之分，果起于佛灭百年后乎？嘉祥大师《三论玄义》云："如来入涅槃，诸圣弟子于祇阇崛山中结集三藏，尔时即有二部名字：一、上座部，迦叶所领，但有五百人。二、大众部，即界外大众，乃为万数，婆师婆罗汉为主，后多人来结集三藏，迦叶并不许之。"嘉祥此说，未详所出，但其绝非杜撰无疑（疑律藏中必有之，以浩博未及细查）。又《摩诃僧祇律》（卷三十二）记迦叶等五百人结集竣事时，窟外千人，群起致诘，迦叶卒乃宣言曰："未制者莫制，已制者我等当随顺学。"据此则上座、大众之分，实起于佛灭后之数月。而动机则在经律之结集。此次结集，以迦叶、阿难、优波离等为上首。其所出之经则四《阿含》，律则《八十诵律》，皆所谓小乘者也。惟大众部所传之《增一阿含》，中多含大乘义（印土小乘各宗虽俱宗《阿含》而所传之本各不同，我国之《增一阿含》乃法显与《摩诃僧祇律》同时得之，《摩诃僧祇律》既为大众部之律，则《增一》应亦大众部之经也），然则两部之分，盖由祇阁窟内结集三藏诸长老，墨守佛早年所教，以之渐为定本。而窟外多数之青年，抱进步思想者，深为不满。自尔以后，佛教遂隐然分为两派。特至阿育王时，始建堂堂之旗鼓以相抗耳！本论谓纯起于佛灭百年后，似未探其本也。

第二，大天（摩诃提婆）为分派最重要之主动人，殆无可疑。但彼果为何等人乎？为何时代之人乎？在佛教史上实成一大问题。本论言大天有二人，前者即首倡五事异说之人，在第一百年之初，论主对于其人，不置可否。后者为重提五事之人，在第二百年之末，论主称其多闻精进。相去百余年，同一人名，同一事迹，而强指为二人，实不合情理。印度人时代观念最不明确，此必本为一人一事。而传说两歧，论主兼采而误混耳！以理度之，则其人为第一百年初之人，为大众部之确立者，殆较可信。然则其人之道行果何如？《述记》叙彼小传。凡数千言，则彼乃烝母、弑父、戕友、诳徒、诬佛之大恶人也。此说录自《大毗婆沙》（卷九十九）原文，盖"有部"所传。慈恩因所疏者为"有部"之书，故引其说以为释。其别著之《瑜伽略纂》（卷一）乃褒誉大天，而《分别功德论》亦云："唯大天一人是大士。"则其人格之高可想。《三论玄义》云："摩诃提婆（大天）取诸大乘经纳三藏中释之，诸阿罗汉结集时，已简除斯义。而大众部用此义，上座部不用之，因尔起诤，遂成二部。"此说似最得真相。然则大天者，实创立大众部之人，亦即大乘教之远祖。对于当时上座长老，实行宗教革命，无怪自命正统之"一切有部"衔之次骨也。而《婆沙》种种诬蔑之辞，抑徒自襮其褊心而已。

　　第三，派别何故盛兴于阿育王以后，又极可研究之问题也。佛灭后百五十二年（公历纪元前三二七年），亚历山大大王大军侵入印度。印度为马其顿领土者垂十年，自此与欧洲交通日繁，大受希腊文化之影响，思想随而蜕变，此新教义发生之第一原因也。越五十余年，而阿育王统一全印，前此佛教仅行于中印摩揭陀附近一带而已。阿育灌顶后，乃派人传教于四方，彼其政权所及之地，即教权所被之地，夫宗教必须有顺应环境性乃能生存，佛教既普被于种种异言异俗之民族，则其所诠译所理解自不能悉仍其旧，当然各带地方的色彩，观其诸部之名，如所谓"灰山住""制多山住""西山住""北山住""密林山住"等，皆以地为识别，则其含有地方党派的意味，殆无可疑，然此实自阿育传教启之，此新教义发生之第二原因也。

出版后记

　　星云大师说："我童年出家的栖霞寺里面，有一座庄严的藏经楼，楼上收藏佛经，楼下是法堂，平常如同圣地一般，戒备森严，不准亲近一步。后来好不容易有机缘进到藏经楼，见到那些经书，大都是木刻本，既没有分段也没有标点，有如天书，当然我是看不懂的。"大师忧心《大藏经》卷帙浩繁，又藏于深山宝刹，平常百姓只能望藏兴叹；藏海无边，文辞古朴，亦让人望文却步。在大师倡导主持下，集合两岸近百位学者，经五年之努力，终于编修了这部多层次、多角度、全面反映佛教文化的白话精华大藏经——《中国佛教经典宝藏》，将佛教深睿的奥义妙法通俗地再现今世，为现代人提供学佛求法的方便途径。

　　完整地引进《中国佛教经典宝藏》是我们的夙愿，

三年来，我们组织了简体字版的编审委员会，编订了详细精当的《编辑手册》，吸收了近二十年来佛学研究的新成果，对整套丛书重新编审编校。需要说明的是此次出版将丛书名更改为《中国佛学经典宝藏》。

佛曰：一旦起心动念，也就有了因果。三年的不懈努力，终于功德圆满。一百三十二册，精校精勘，美轮美奂。翰墨书香，融入经藏智慧；典雅庄严，裹沁着玄妙法门。我们相信，大师与经藏的智慧一定能普应于世，济助众生。

东方出版社

图书在版编目（CIP）数据

异部宗轮论 / 姚治华 释译 . —北京：东方出版社，2018.11
（中国佛学经典宝藏）
ISBN 978 - 7 - 5060 - 8617 - 2

Ⅰ . ①异… Ⅱ . ①姚… Ⅲ . ①论藏—研究②《异部宗轮论》—注释③《异部宗轮
论》—译文 Ⅳ . ① B944

中国版本图书馆 CIP 数据核字（2015）第 289659 号

本书中文简体字版权由上海大觉文化传播有限公司独家授权出版
中文简体字版专有权属东方出版社

异部宗轮论
（ YIBU ZONGLUN LUN ）

释 译 者：姚治华
责任编辑：王梦楠　杨　灿
出　　　版：东方出版社
发　　　行：人民东方出版传媒有限公司
地　　　址：北京市西城区北三环中路 6 号
邮　　　编：100120
印　　　刷：北京明恒达印务有限公司
版　　　次：2018 年 12 月第 1 版
印　　　次：2022 年 2 月第 2 次印刷
开　　　本：880 毫米 × 1230 毫米　1/32
印　　　张：7.25
字　　　数：116 千字
书　　　号：ISBN 978 - 7 - 5060 - 8617 - 2
定　　　价：48.00 元
发行电话：（010）85924663　85924644　85924641